Claudia Strand

TanzBilder
BilderTanz

Von der Ballerina
zum Derwisch

Horncastle

Copyright Horncastle Verlag. Alle Rechte vorbehalten.
Nachdruck und Vervielfältigung,
auch auszugsweise, nur mit ausdrücklicher Genehmigung des Verlages.
www.horncastle-verlag.de
Die Deutsche Bibliothek, CIP-Einheitsaufnahme

Text & Idee: Claudia Strand
Gestaltung: Weiss / Zembsch / Partner: WerkstattMünchen
Lektorat: Andrea Fausel
Druck & Bindung: Uhl

Originalausgabe
ISBN 13: 978-3-938822-128

Inhalt

Von der gemalten Tänzerin zum tanzenden Maler

Bilder tanzen. Nein! Sie hängen bewegungslos an der Wand, in Museen oder zu Hause. Man kann sie betrachten, aber dann muss man vor ihnen stillstehen. Man kann auch nicht um sie herum gehen, so etwas funktioniert nur bei Skulpturen. Aber auch die steigen nicht von ihrem Sockel und kommen zu uns herunter. Überhaupt gehört es zum Wesen der Malerei, dass sie stillsteht. Bilder können sich nun mal nicht bewegen – und schon gar nicht tanzen. Bilder zeigen uns etwas und sind unveränderlich. Oder?

Tanz und Malerei: Gehört das zusammen?

Tanzbilder, die gibt es aber. Denn natürlich kann ein Maler eine Tänzerin oder einen Tänzer zeichnen und malen. Vielleicht kann ein Maler auch etwas für die Bühne gestalten, Kostüme oder Dekorationen. Vielleicht gibt es auch Maler, die gerne selbst tanzen würden, auch das ist möglich. Kommt aber nicht oft vor, meinst du?

Nicht ganz richtig. Selbst ein strenger Maler mit so konzentrierten Bildern wie Piet Mondrian war ein leidenschaftlicher Tänzer. Der Expressionist Emil Nolde hatte einen regelrechten »Tanzvirus«. Den Maler Oskar Schlemmer zog es in skurrilen Kostümen selbst als Tänzer auf die Bühne, und eine ganze Reihe der berühmtesten Maler gestalteten die Dekorationen und Kostüme für die russische Balletttruppe von Sergej Diaghilew. Sehr viele unterschiedliche Künstler des ausgehenden 19. und des beginnenden 20. Jahrhunderts liebten den Tanz und sahen auch eine Verbindung zu ihrer Malerei. Der Tanz war ein Symbol der Moderne. Aber was haben Tanz und Malerei gemeinsam?

Es war die Bewegung, die alle fasziniert hat. Edgar Degas zum Beispiel konnte bei den Proben an der Pariser Oper stundenlang den »Ballettratten« zuschauen. Seinem scharfen Auge entging nichts. Und für den Maler Henri Matisse stellte der Tanz das Leben schlechthin dar. Alles war für ihn Rhythmus und Farbe. Während er malte, muss er den Tanz in sich gespürt haben. Denn der Rhythmus überträgt sich wie selbstverständlich auf uns, während wir seine Tanzbilder betrachten.

Die Herausforderung an die Maler war sehr groß. Sie wollten im Bild etwas festhalten, was man eigentlich nicht festhalten kann: die Bewegung und den Raum, den Rhythmus oder die Schnelligkeit des Augenblicks und damit auch die Zeit. Genau dieser Widerspruch hat viele Künstler gereizt. Hier war ihre Kreativität gefragt. Deshalb gibt es auch so viele unterschiedliche Künstler und so viele kreative und spannende Lösungen.

Tanzende Traumwelten

Bei dem einen Bild ist es die Farbe, die so stark leuchtet, dass die Leinwand zu vibrieren scheint. Bei einem anderen sind es die Formen, die mit ihrem Schwung auch beim Betrachter das Gefühl einer Bewegung auslösen. Manchmal sind es poetische Zeichen einer geheimnisvollen, tanzenden Traumwelt. Und dann wieder einfach viele kleine Punkte, die unruhig auf unserer Netzhaut tanzen, oder viele auseinandersplitternde Teile, die wir im Kopf zu einem ganzen Bild zusammenfügen.

Womit wir schon mitten drin sind. Wer hätte das gedacht? Die Bewegung entsteht im Kopf, auf der Netzhaut oder in unserer Fantasie. Wir können sie spüren. Dadurch sehen wir tatsächlich, dass manche Bilder tanzen – alle auf ihre Weise. Durch den Schwung einer Linie oder durch Muster und Farben.

Bewegung und Geschwindigkeit waren die Themen dieser Zeit. Das lag auch daran, dass das 19. Jahrhundert den Menschen eine Menge technische Neuerungen gebracht hatte. Autos! Elektrisches Licht! Fotografie!

Neue Techniken für neue Ideen
Ohne Beleuchtungstechnik hätte die »Licht-und-Schatten-Künstlerin« Loïe Fuller ihre Aufführungen nie so dynamisch ausgestalten können. Und wie sollten wir heute Bilder davon haben, wenn es die Fotografie noch nicht gegeben hätte? Damals war das atemberaubend neu. Es hat die Künstler beflügelt, auf der Leinwand, auf der Bühne und in den vielen vielen Cafés, Ballsälen und Varietés. Hier fand das öffentliche Leben statt – mit Tanzvergnügungen und guter Laune. Der Erste Weltkrieg lag hinter den Menschen in Europa und alle sehnten sich nach Leichtigkeit vor dem Hintergrund einer traurigen, zertrümmerten Welt.

Leider sollte diese Stimmung nicht lange anhalten. Was sich in den 1920er Jahren in Tanz und Malerei entwickelt hatte, erfuhr in der Zeit des Nationalsozialismus und des Zweiten Weltkriegs ein bitteres Ende. Kein Tanz, keine Kunst, keine Zukunft. Paris und Berlin, ach, was sage ich – Europa ade. Wer es schaffte, sich in Amerika und seiner pulsierenden Weltstadt New York eine neue Existenz aufzubauen, der hatte Glück. Hier erst lebte der Austausch zwischen Tanz und Bildender Kunst wieder auf, der durch den Krieg abrupt unterbrochen worden war – und das verrückter und unterhaltsamer denn je.

So schippern auch wir mit einer Geschichte über den »großen Teich«. Hier treffen wir auf einen besonderen Maler. Jackson Pollock war ein tanzender Derwisch und malender Vulkan. Wie in seinem Atelier die Farbtropfen durch die Art und Weise seiner Bewegungen auf die Leinwand flogen, das war eher tänzerische Entladung als besinnliche Malerei. In diesem Schaffensakt treffen sich die beiden Künste in ganz eigener und persönlicher Weise. »Getanzte« Bilder voll überschäumender Kraft und Dynamik nehmen uns mit in eine Welt, in der Malerei und Tanz Hand in Hand gehen.

Neugierig geworden? Dann los, komm einfach mit auf unsere Entdeckungsreise in die Welt der Kunst und des Tanzes.

Wer war der »Maler der Tänzerinnen«?

Bei der Arbeit im »Foyer de la Danse«

Zielstrebig eilt ein Mann im Frack Richtung Proberaum, dem sogenannten »Foyer de la Danse« der Pariser Oper. Sein Zeichenwerkzeug hat er fest unter den Arm geklemmt, seinen Zylinder in der Hand. Er betritt den Raum und schließt schnell die Tür, damit keine Zugluft die Tänzerinnen stört. Sie trainieren gerade konzentriert für die nächste Vorstellung. Zu diesem Raum haben nur die wenigsten Zutritt. Es sind Mütter da, die ihre Kinder zur Probe begleiten, aber auch Zuschauer, die ein Abonnement für mindestens drei Vorstellungen vorweisen können und sich für die Arbeit der Tänzerinnen interessieren.

Hübsche Stoffe und bewegte Körper

Für unseren malenden Gentleman, Edgar de Gas oder Degas, wie er sich lieber nannte, ging es darum, die Bewegungen der Tänzerinnen zu studieren. Er mochte die kleinen »Ballettratten« und kannte auch einige mit Namen, denn sie kamen immer wieder in sein Atelier, um ihm Modell zu stehen. Degas war ein gründlicher Maler, der jedes kleine Detail einer Bewegung studieren wollte. Und das war eben während des Trainings nicht immer möglich. Aber ein »Maler der Tänzerinnen«, nein, der war er nicht. Pah! »Ich werde der >Maler der Tänzerinnen< genannt, man versteht nicht, dass die Tänzerin für mich nur der Vorwand gewesen ist, um hübsche Stoffe zu malen und Körper in der Bewegung wiederzugeben.«

Kann man der Zeit ein Schnippchen schlagen?

Ja, Bewegung, das war seine Leidenschaft! Die zufällige Bewegung, der Augenblick, das ist ein schwieriges Thema für die Malerei. Die Impressionisten hatten damit begonnen, den Eindruck, das Licht und die Landschaft in ihrer Malerei einzufangen. Wie aber kann man den Augenblick einer Bewegung im Bild festhalten, sozusagen dem Lauf der Zeit ein Schnippchen schlagen? Geht so etwas überhaupt? Was für Tricks gibt es und welche malerischen Kniffe? Welche Motive eignen sich dafür besonders gut? Das Leben draußen in der Natur, in den Cafés und auf der Pferderennbahn? Natürlich konnte man Degas auch dort finden. Aber ganz besonders gerne hielt er sich bei den Ballettvorstellungen und in den Proberäumen der Oper auf. Dort zeichnete er alles, was er sah, die kleinen Alltagsgewohnheiten genauso wie die korrekte Tanzposition. Er skizzierte alle seine Beobachtungen und setzte sie dann im Atelier sorgfältig zusammen.

Bewegungen zerlegen

Und wie es der Zufall will, machte um die Mitte des 19. Jahrhunderts eine wundersame Errungenschaft von sich reden: die Fotografie. Für uns ein alter Hut, damals aber war sie aufregend und neu. Fast Zauberei! Denn sie konnte etwas in kurzer Zeit, wofür die Malerei sehr lange brauchte. Auf einmal war es möglich, einen zufällig gewählten Augenblick ruck zuck im Foto einzufrieren. Sensationell war aber auch, dass die Fotografie in der Lage war, Bewegung in ihre unterschiedlichen Bewegungsstadien zu zerlegen. Als Erster machte das Eadweard James Muybridge vor. Er schaffte es, die Bewegung eines Rennpferdes im Galopp wie in einem Daumenkino hintereinander aufzunehmen. So wusste man dann auch endlich, wie die Pferde ihre Beine bewegten. Das war vorher nämlich sonst niemand so wirklich klar, was auf alten Gemälden von Pferden gut zu sehen ist: Die Pferde in gestrecktem Galopp haben eine völlig falsche Beinstellung.

Den Augenblick festhalten

Wen wundert es, dass Degas von dieser neuen Erfindung begeistert war. Er begann sogar selbst zu fotografieren. Seine Fotos von Tänzerinnen nutzte er aber nicht nur, um seine Bewegungsstudien zu vertiefen. Er schaute sich auch einige Tricks für seine malerische Technik ab. So gibt ein Foto immer einen Ausschnitt wieder. Auch Degas macht das in seinen Bildern so. Oft sind Personen angeschnitten, oder der Blick auf die Bühne ist ungewöhnlich, zum Beispiel aus dem Orchestergraben heraus. Dabei waren Degas gerade auch die kleinen Alltagsgewohnheiten wichtig. Vor ihm hat noch nie jemand eine Tänzerin gemalt, die sich gedankenverloren den Rücken kratzt oder gähnt. Das war völlig unmöglich! Degas aber traute sich das. Und so entstanden Bilder, die unglaublich lebendig wirken. Ein Poet des Augenblicks, dieser Degas, aber ein genau berechnender!

Was macht der Hund nur auf dem Bild?

Auf dem Bild von 1874, das im Louvre hängt, ist eine Tanzklasse zu sehen. Auf der linken Seite ist die rückenkratzende Tänzerin zu erkennen. Auf der rechten Seite sehen wir eine andere, die sich das Tanzkleid richtet. Dahinter entdecken wir eine Mutter, die auf ihre Tochter wartet, und direkt vor der Säule ein Ballettmädchen. Sie zupft ein wenig gequält an ihrem Halsband. Je genauer man hinschaut, umso mehr Details erkennt man. Selbst einen kleinen Hund hat Degas ins Bild gebracht. Ob der wohl wirklich in den Proberaum hineingelassen wurde?

Bilder »bürsten«

Völlig klar, dass Degas auch neue zeichnerische Möglichkeiten ausprobiert hat. Ihm machte es Spaß, mit dunklen Kreiden, Pastellstiften und verdünnten Ölfarben zu experimentieren. Die Pastellstifte erwärmte er über Wasserdampf, damit er sie wie eine Paste benutzen konnte. Teile der Bilder überarbeitete er sogar mit Bürste und Stiften. Damit war er vielen Künstlern seiner Zeit weit voraus. Dabei machte Degas so nur aus der Not eine Tugend, denn nachdem die Bank seines Vaters in eine Krise geraten und dieser 1874 gestorben war, musste Degas als ältester Sohn die Verantwortung für seine Familie übernehmen. Das bedeutete: sparen, arbeiten, verkaufen. Pastellfarben waren nicht so teuer wie Ölfarben und ließen sich schneller verarbeiten. So konnte Degas mehr Bilder malen und zum Kauf anbieten.

Kann man mit den Fingern »malen«?

Eine große Sorge plagte den Maler sein ganzes Leben lang: Seine Augen wurden von Jahr zu Jahr schlechter. Was, wenn er völlig erblinden sollte, wie seine Cousine Estelle? Ein Maler ohne Augenlicht ist wie ein Musiker ohne Gehör. Tatsächlich wurde der arbeitswütige Augenmensch Degas am Lebensende blind. Zum Schluss konnte er nur noch mit den »Fingern malen«. Er tastete mit den Händen und arbeitete plastisch an kleineren Skulpturen. Sozusagen im Dunkeln und aus der Erinnerung. Bitter meinte er damals zu einem Freund: »Ich habe mein Blindenhandwerk gefunden.«

Dabei hatte Degas bereits als junger Maler immer wieder Skulpturen angefertigt. Denn wer sich mit Tanz und Bewegung beschäftigt, der möchte irgendwann auch einmal seine Arbeiten in den Raum stellen, um sie herum gehen und sie von allen Seiten betrachten können. Vielleicht auch nur, um zu kontrollieren, ob er die Bewegung richtig verstanden hat. Degas hat das immer wieder gemacht. So ist auch eine seiner berühmtesten Skulpturen entstanden. Du kennst sie nicht? Sie wird gleich von ihrem Sockel auf dich zugehen und dich begrüßen. Das meint man zumindest, wenn man die Skulptur vor sich hat.

»Marie-guck-in-die-Luft«

Die »Kleine vierzehnjährige Tänzerin« hat eigentlich all das, was eine gute Skulptur ausmacht und sie so lebensnah erscheinen lässt. Sie ist mit einem echten Tutu – einem Ballettrock aus mehreren Schichten Tüll – Schläppchen und einem Mieder aus Satin bekleidet. In ihre Haare, für die Degas Rosshaar verwendet hat, ist ein Satinband geflochten. Ursprünglich hatte Degas sein Wachsmodell farbig leicht eingetönt. So wirkte es noch natürlicher. Marie van Goethem,

die hier Modell gestanden hat, kannte Degas ganz gut. Er hat sie oft gezeichnet. Aber als Skulptur, mit hocherhobenem Kopf und den Armen lässig hinter dem Rücken verschränkt, wirkt sie mehr wie eine »Marie-guck-in-die-Luft« und ganz und gar nicht so, wie es das Publikum von einer klassischen Tänzerin erwartet. Darum waren auch die Reaktionen auf die Skulptur recht gemischt. »Ist die aber hässlich!«, riefen die meisten Besucher aus, als sie die Skulptur in der Impressionistenausstellung von 1881 sahen.

Tatsächlich macht einen irgendetwas stutzig, wenn man Marie so anschaut. Hast du mal versucht, dich so hinzustellen? Nein? Wenn du es tust, wirst du feststellen, dass es alles andere als bequem ist. Der Rücken bildet ein Hohlkreuz, dadurch verschiebt sich die Hüfte. Der Kopf ist ziemlich weit vorgeschoben und fällt in den Nacken. In dieser Haltung bekommt man schnell Rücken- und Nackenschmerzen. Also lieber nicht zu lange rumprobieren. In dieser Haltung ist es natürlich schwierig, die Ballettpositionen korrekt auszuführen oder gar während des Tanzens das Bein hochzuwerfen. Wenn man dann auch noch auf Spitze stehen will, kann man nur schlecht das Gleichgewicht halten. Leider wurde damals eine gute Haltung bei der Ballettausbildung oft vernachlässigt. Deshalb bekamen viele Tänzerinnen im Alter Probleme mit Rücken, Nacken und Lendenwirbeln. An Tanzen war dann nicht mehr zu denken.

Die Mädchen mit den Spitzenschuhen

Marie machte leider keine große Karriere als Primaballerina – der Traum aller Mädchen in den Ballettklassen der königlichen Akademie in Paris. Man brauchte Begabung, Disziplin und eine große Portion Durchhaltevermögen, denn das Training war sehr anstrengend. Die jüngsten Mädchen, die in die Klassen der Akademie aufgenommen wurden, waren erst sechs Jahre alt. Und weil es nur die Besten hierher schafften, hatte jede der Tanz-Anwärterinnen die gleichen Chancen, ins »Corps de Ballet« zu kommen und dort vielleicht sogar Solistin zu werden. Das war für Mädchen aus armen Verhältnissen eine gute Möglichkeit, gesellschaftlich aufzusteigen. Und manche Mutter hoffte sogar, ihre Tochter so reich zu verheiraten – bei all den einflussreichen Zuschauern in der Oper!

Das rätselhafte Spiel
der tanzenden Punkte

Kann man Farben anfassen?

Rot, Blau, Gelb! Wie farbig sind Farben? Wie bringe ich Farben im Bild zum Leuchten? Dazu braucht man schon einen besonderen Stoff. Einen Zauberstoff der Natur: das Licht. Mit Lichtgeschwindigkeit rast es auf unsere Erde und lässt uns erst all das sehen, was um uns herum ist.

Ein Lichtstrahl vereint das ganze Spektrum von Farben. Das wusste bereits Isaac Newton vor etwa 350 Jahren. Das Prisma, mit dessen Hilfe Newton das weiße Licht in seine sieben Spektralfarben zerlegte, kennen wir seit Jahrhunderten aus der Natur: als Regenbogen am Himmel.

Ohne Licht gibt es keine Farben, das kann man besonders gut erkennen, wenn es dämmert und alle Farben zu verblassen scheinen. Aber Vorsicht! Die Farben verändern sich im Licht, denn alles unter diesem Zauberstoff wird beweglich.

Der Farbkreis

Wie unser Auge die Farben sieht

Ohne unsere Augen mit ihren Millionen kleiner Helfershelfer, den Stäbchen und Zapfen auf der Netzhaut, würden wir Farbe und Form, hell und dunkel überhaupt nicht wahrnehmen. Die Wissenschaftler des 19. Jahrhunderts haben sich mit diesem Thema ausgiebig beschäftigt. Der Physiker Hermann

Kandinsky, Die drei Grundfarben

Lichtfarben und Malfarben

Aber Achtung: Beim Malen und Mischen der Malfarben passiert etwas anderes! Deshalb muss man die Licht- und die Malfarben gut auseinanderhalten. Wenn ihr mit euren Malfarben malt, sind eure Grundfarben Rot, Blau und Gelb. Mit diesen drei Grundfarben und der Nichtfarbe Schwarz seid ihr gut ausgerüstet. Damit könnt ihr alle Farbtöne, die ihr braucht, mischen. Daraus lässt sich ein Farbenkreis ableiten, der dem unserer Lichtfarben ganz ähnlich ist. Auch hier erkennen wir wieder unsere Gegenfarben.

Farbentheorie im 19. Jahrhundert

Ein französischer Chemiker namens Eugène Chevreul machte während seiner Arbeit als Farbendirektor einer Gobelinmanufaktur eine merkwürdige Entdeckung. Bei den farbigen Wandteppichen, die dort hergestellt wurden, fiel ihm auf, dass eben jene »Gegenfarben« miteinander kämpften und sich um die Farbwirkung im Auge stritten. Das hört sich komisch an, stimmt aber. Blau kämpft gegen Orange, Gelb gegen Violett und Rot gegen Grün. Versucht es einmal selbst. Wenn ihr eine längere Zeit auf die Farbe Rot und dann auf eine weiße Fläche schaut, erzeugt euer Gehirn die Gegenfarbe Grün auf der weißen Fläche und umgekehrt. Chevreul nannte diesen Vorgang simultan, was gleichzeitig bedeutet. Er fand auch heraus, dass der Unterschied zwischen zwei Farben am deutlichsten wird, wenn sie direkt nebeneinander liegen.

von Helmholtz fand heraus, dass das menschliche Auge nur auf drei Farben reagiert, auf Rot, Grün und Blau. Alle anderen Farbeindrücke setzt das Auge aus ihnen zusammen. Mischt man also Rot mit Grün, erhält man die Lichtfarbe Gelb, aus Grün und Blau entsteht die Lichtfarbe Hellblau, Rot und Blau ergeben Pink. Alle diese Farben nennt man Mischfarben. Den Mischvorgang bezeichnet man auch als additive Farbmischung, denn es kommt immer wieder etwas zu dem bereits vorhandenen Farblicht hinzu. Aus den gemischten Farben kann man einen Farbenkreis erstellen, bei dem sich die unterschiedlichsten Farben wie Gegner in einem Kampf gegenüberstehen. Diese Farben nennt man auch Komplementärfarben.

»Maler des Lichts« malen mit Licht

Die Künstler im 19. Jahrhundert fühlten sich durch diese wissenschaftlichen Erkenntnisse ermutigt. Sie wollten aus den muffigen Ateliers hinaus ins Freie, das Licht einfangen und die Farben in ihren Bildern zum Leuchten bringen. Dabei mussten sie schnell arbeiten, denn wie wir wissen, verändern sich die Farben rasch mit dem Stand der Sonne. Oft mischten die Maler ihre Farben gar nicht mehr auf der Palette, sondern setzten reine Farben neben- oder übereinander auf hellen Grund. So entstanden spontane und bewegte Bilder, hinter denen man scheinbar ein Licht angeknipst hatte. Die »Maler des Lichts« oder Impressionisten, wie man diese Künstlergruppe bald nannte, wurden damals aber noch belächelt und nie zum Pariser Salon, der wichtigsten Kunstausstellung, zugelassen. Um bekannt zu werden mussten sie darum selbst Ausstellungen bei befreundeten Galeristen organisieren.

Seurat fasst einen Plan

Auf der letzten dieser sogenannten Impressionistenausstellungen 1886 war ein noch junger und schüchterner Künstler vertreten, Georges Seurat. Er interessierte sich leidenschaftlich für die Wirkung der Farben und des Lichts. Bald reifte in ihm eine schier unglaubliche Idee heran. Was wäre, wenn man die Erkenntnisse der Wissenschaft auf die Malerei übertragen würde? Wie könnte das funktionieren, die künstlerischen Ideen der Impressionisten sozusagen auf eine wissenschaftliche Grundlage zu stellen? Eine ganz schön gewagte Idee und ein ziemlich schwieriges Vorhaben. Wie aber sollte er Wissenschaft und Kunst, Natur und Malerei zusammenführen?

Ein Punktesystem nach Farben

Die Idee war genauso einfach wie überzeugend. Seurat, oder sagen wir ab jetzt Monsieur Point, trug die Farbe nicht flächig auf. Nein, er setzte viele winzige Punkte dicht nebeneinander. »Point« heißt im Französischen und Englischen übrigens Punkt und von nun an wurde diese neue Kunstrichtung auch Pointillismus genannt. Monsieur Point zerlegte die Farben und Lichtveränderungen in ihre einzelnen Bestandteile, auf der Netzhaut sollten die Farbpunkte dann wieder zu einem Farbeindruck zusammengesetzt werden. Wenn zum Beispiel ein violetter Ton entstehen sollte, malte Seurat kleinste rote und blaue Farbpunkte dicht nebeneinander. Auch die Schatten arbeitete er getreu der Farbentheorie, ganz wie der Simultankontrast der Farben es verlangt. So benötigen das Orange und das Gelb des Lichts jeweils immer einen blauen Schatten. Was für ein spannendes Experiment! Natürlich brauchte dieses feinste Punktesystem Zeit, sehr viel Zeit … Im Atelier malte Monsieur Point dann auch gut und gerne ein Jahr lang an einem einzigen Bild. Dafür leuchten bis heute manche der Bilder mit der Sonne um die Wette.

Wilder Tanz mit wilden Punkten

Betrachten wir das Tanzbild »Le Chahut«, so flimmern die Punkte und tanzen ihren eigenen Tanz auf der Netzhaut unseres Auges. Warme rote und gelbe Farben gesellen sich blauen und grünen Punkten gegenüber. Und noch etwas fällt sofort auf: In diesem Bild gibt es jede Menge Linien. Linien, die nach oben streben. Linien, die von rechts unten nach links oben verlaufen. Ob Beine, Taktstock oder der lange Hals des Saiteninstruments, alles unterstreicht die

Bewegungsrichtung nach links oben. Wir kennen Monsieur Point mittlerweile gut genug, um sofort zu wissen: Das hat System. Tatsächlich steckt ein wissenschaftliches System dahinter. Charles Henry hieß der Forscher und Philosoph, der sich kluge Gedanken über Farbe und Linie gemacht hat und der sich nach seinen Vorlesungen auch gerne mit Seurat darüber unterhielt. Und so wissen wir heute, genauso wie unser Punktemaler damals, dass Farben und Linien auch immer ein bestimmtes Gefühl ausdrücken. Rote und gelbe Farbtöne wirken anregend auf uns, blaue oder violette eher zurückhaltend. Bei den Linien verhält sich das ähnlich. Die nach oben strebende oder von rechts nach links verlaufende Linie drückt eher Freude aus. Tut sie das auch im Bild von Seurat?

Im ausgehenden 19. Jahrhundert feierte das Pariser Publikum gerne und ausgiebig in den Tanzhäusern, die überall eröffnet wurden. Im Konzertcafé »L'Ancien Monde«, das Seurat gerne besuchte, tanzte man auf dem Höhepunkt der Stimmung gerne den ausgelassenen Chahut. Dabei konnte man für die damalige Zeit ziemlich viel Bein sehen! Doch an dieser Fröhlichkeit und aufgekratzten Tanzstimmung des Bildes irritiert etwas. Das Spiel der tanzenden Punkte und Linien gibt uns ein Rätsel auf. Worin liegt es?

Des Rätsels Lösung

Schaut man aus der Nähe auf das Bild, flimmern die Punkte und kleinen Striche, die Monsieur Point gemalt hat, vor den Augen. Geht man zurück und betrachtet das Bild aus der Ferne, schließen sich die Farben zu einem Farbeindruck zusammen. Doch was passiert? Die Bewegung wirkt mechanisch. Liegt darin die Lösung des Rätsels? So sehr die Punkte auch auf der Netzhaut um die Wette tanzen, so wenig vermittelt das Bild einen lebendigen und fröhlichen Tanz auf der Leinwand. Die Linien und strengen Konturen, aber auch das ausgefeilte Punktesystem, das fast wie ein Raster wirkt, hemmen die Bewegung im Bild. Die Farbe hatte Seurat diesmal nicht genau nach den Angaben von Chevreul aufgetragen. Denn in die Rot- und Gelbtöne mischte er nun auch blaue und grüne Punkte. So fehlen diesem Tanzbild die strahlenden Farben und es sieht so aus, als wenn man »Le Chahut« unter künstlichem Licht betrachten würde. Und darum wirkt es distanziert und in der Freude an der Bewegung sehr gedämpft. Ist da ein Widerspruch zwischen Malweise und beschwingtem Thema? Vielleicht hatte Seurat genau dies im Sinn, nämlich das Künstliche und Gleichförmige dieses Tanzes im Bild festzuhalten. Damit sind wir der Lösung unseres Rätsels dicht auf der Spur. Lichtfarben sind Lichtfarben und Malfarben bleiben nun mal einfach Malfarben. Die Theorie, beide in den Bildern miteinander zu vereinen, kann gar nicht immer umgesetzt werden. Wissenschaft hin oder her, manchmal ist sie auch hinderlich. Es braucht schon die Idee und die Vielfalt an Farben und Formen, um dem Bild seine eigene Welt zu geben.

Der »Zukunftsschauer«

Nach »Chahut« ist leider nur noch ein unvollendetes Zirkusbild von Seurat entstanden. Am 29. März 1891 stirbt der Maler an einer Infektion. Er wird nur 32 Jahre alt. In seinem kurzen Leben blieb ihm leider keine Zeit mehr, seine Gedanken und künstlerischen Ideen zu Ende zu bringen. Schade, das wäre sicherlich noch spannend geworden.

Aber wir haben tatsächlich auch heute noch etwas davon. Unsere Fernsehbildschirme und Computermonitore arbeiten nämlich ähnlich. Kleinste rote, grüne und blaue Punkte stehen dabei nebeneinander und geben nach den bekannten Regeln den gewünschten Farbeindruck wieder. Natürlich hat Seurat damit nicht mehr direkt zu tun. Der künstlerische Gedanke von damals und die technischen Errungenschaften heute gehen allerdings auf den gleichen Kern zurück. Allerhand also, was in diesem klugen Kopf aus dem 19. Jahrhundert so alles vorgegangen ist.

Maler malen für den Tanz – Tänzer tanzen mit der Kunst

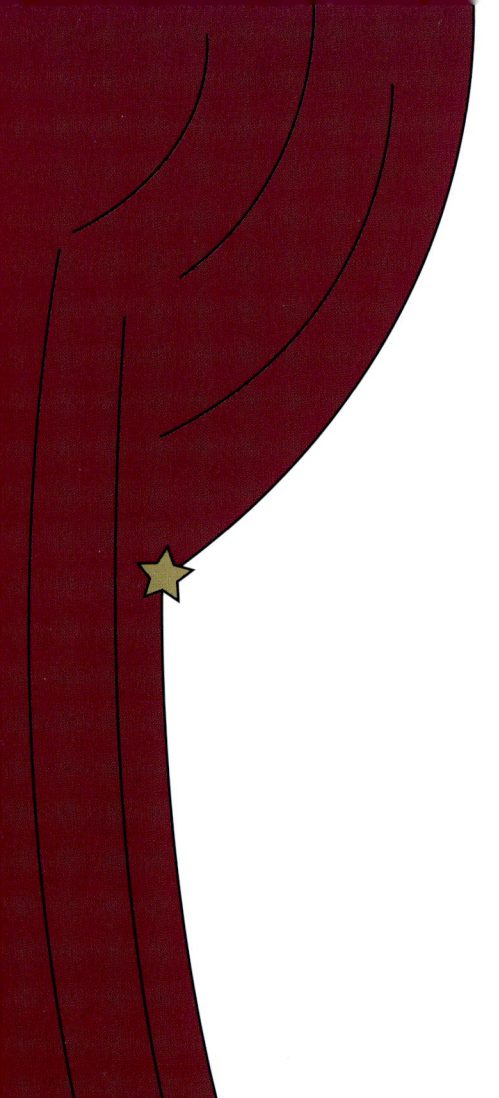

Nicht alle Köche verderben den Brei

Wie heißt es doch so schön: Viele Köche verderben den Brei. Im Fall der russischen Tanztruppe von Sergej Diaghilew, die unter dem Namen »Ballets Russes« in Paris ihren umjubelten Einstand gefeiert hatte, kann man das ganz und gar nicht sagen. Die vielen »Künstler-Köche« waren Musiker und Maler, Choreografen und Tänzer. Sie kamen aus dem weit entfernten russischen St. Petersburg und aus der Kunstmetropole Paris. Eine kreative und explosive Mischung verschiedenster Persönlichkeiten. Alle zusammen wollten ein ganz besonderes Ballettereignis auf die Bühne bringen, sozusagen ein Gesamtkunstwerk aus Musik, Tanz und Theater, Bühnenbild und Malerei. Da war Teamarbeit gefragt und die Aufregung war groß.

Ein Dickkopf setzt sich durch

Wie das immer so ist, hatte einer von ihnen die Geschichte ins Rollen gebracht. Einer mit unangreifbarem Selbstvertrauen, starkem Willen und unerschütterlicher Energie. Alle diese Zutaten braucht es nämlich, um etwas Neues und Besonderes auf die Bühne zu bringen. Natürlich musste man sich auch ziemlich gut auskennen in der Kunst. Ach ja! Die richtigen, sprich einflussreichen Freunde waren auch nicht ganz unwichtig. Sergej Pawlowitsch Diaghilew hatte all das: kreatives Talent, eine musische Begabung, viele Freunde und Förderer und einen rechten Dickkopf. Und so konnte die Erfolgsgeschichte der russischen Balletttruppe 1909 weit weg vom Zarenreich beginnen.

Ferien in Paris

In einem Pariser Restaurant hat alles begonnen, genau genommen auf einer Speisekarte. Darauf notierten Sergej und sein guter Freund Gabriel Astruc die Namen der besten russischen Tänzer. Die wollten sie – so ihre Idee – während der Ferien des kaiserlichen Maryinsky-Theaters ausleihen und in Paris auf die Bühne bringen. Schöne Ferien für die Tänzer, aber sie machten alle mit! Paris reizte sie sehr und es lag etwas ganz Besonderes in der Luft. Also, warum zögern? Doch dann gab es Missstimmungen wegen der Besetzung der Rollen. Tragischerweise starb der wichtigste Geldgeber, Großfürst Wladimir. Finanzielle Hilfe ade! Und als die Truppe auch noch aus den Proberäumen des kleinen Theaters im Eremitage-Palast geworfen wurde, hätten viele aufgegeben, doch Sergej Diaghilew war aus anderem Holz geschnitzt. Wenn nicht jetzt, wann dann?

So kratzte er all sein Geld für das Bühnenbild und die Kostüme zusammen. Die Schulden waren ihm gleichgültig und die Kunst war wichtiger als alles andere. Obendrein ließ er in Paris das angemietete Théâtre de Châtelet restaurieren. Und während die Zimmerleute im Zuschauerraum hämmerten und klopften, wurde geprobt und geprobt. Das wild begeisterte und zusammengewürfelte Orchester musste gegen den Lärm anspielen. Was für ein Durcheinander!

Abendanzug Vorschrift auf allen Plätzen

Der Gala-Abend am 18. Mai 1909 war ein rauschender Erfolg. Viele bedeutende Leute waren eingeladen. Der Abendanzug war strenge Vorschrift. Gleich zwei Tänzerlegenden wurden über Nacht geboren. Noch heute erzählt man sich immer wieder gerne die Geschichte,

wie der Tänzer Vaslav Nijinski einen ungeplanten Sprung in seinen Soloauftritt einbaute – raumgreifend und riesig. Als er nach der Aufführung gefragt wurde, ob ein so hoher Sprung nicht schwierig auszuführen sei, antwortete er nur: »Oh nein. Gar nicht schwierig. Sie müssen nur hoch springen und oben eine kleine Pause machen.« So scheinbar selbstverständlich und erfolgreich sollte das ganze Unternehmen der Tanztruppe werden. Bühne und Kostüme leuchteten in den unterschiedlichsten kräftigen Farben. Einen solchen Augenschmaus war das Pariser Publikum gar nicht mehr gewohnt. Der Erfolg lag auf der Hand, doch was dann nach dem Schlussvorhang folgte, lässt sich kaum mehr beschreiben. Auf der Bühne herrschte ein komplettes Durcheinander und der Beifall der Zuschauer war ohrenbetäubend. Als die Tanzsaison nach einem Monat beendet war und die Tänzer nach ihren »Ferien« wieder nach Hause reisten, hatte die Tanztruppe ganz Paris in restloser Begeisterung zurückgelassen.

Eine Tanztruppe auf Erfolgskurs

Ein Jahr später trug diese russische »Ferien-Tanztruppe« den Namen »Ballets Russes« und war eine feste Kompanie. Sie wurde schnell in ganz Europa bekannt und feierte sensationelle Erfolge. Unterschiedliche Musiker und Maler arbeiteten für die Truppe. In Rom kam mit dem Futuristen Giacomo Balla sogar eine spektakuläre Lichtshow auf die Bühne. Ein Wunderkind der guten Pariser Gesellschaft, der französische Dichter Jean Cocteau,

hatte alles gesehen, was die »Ballets Russes« bisher auf die Bühne gebracht hatten.

Begeistert und neugierig versuchte er, sich der Gruppe um Sergej Diaghilew anzuschließen. Seine erste Mitwirkung an einer Aufführung wurde zu einer Art Feuerprobe. »Parade« sollte das Stück heißen und die Idee hierzu kam von Cocteau, ein »Paradeauftrag« für den begabten französischen Dichter, Choreografen und späteren Filmregisseur.

Mit »Parade« ins Zirkuszelt!

Schauplatz war ein Jahrmarkt. Hier traten auf: ein »Chinesischer Zauberer«, zwei Akrobaten und ein »Kleines Amerikanisches Mädchen«. Sie führten ihre Nummern auf, um das Publikum in ihren Zirkus zu locken. »Parade« heißt das im Französischen. Doch womit konnte man das Publikum anlocken? Das Stück musste etwas ganz Besonderes werden, lustig, unterhaltsam und mit einem ironischen Augenzwinkern, eine Mischung aus Zirkusatmosphäre und Großstadtluft. Die Ausstattung, die Kostüme und das Bühnenbild sollten nicht nur Hintergrundkulisse abgeben, sondern mit der Bewegung lebendig werden. Man brauchte also einen Spezialisten auf dem Gebiet. Pablo Picasso – das Malergenie des 20. Jahrhunderts – sollte diese Aufgabe lösen. Beim Thema Zirkus kannte er sich ja ziemlich gut aus, denn Harlekine und Gaukler hatten lange Zeit schon seine Bilder bevölkert. Darüber hinaus war er ein Künstler mit ganz und gar genialen Einfällen. Da machte ihm so schnell niemand etwas vor. Gesagt, getan. Eines Tages stellte Cocteau Sergej Diaghilew den Maler vor.

Picassos Paradestück

Doch als Cocteau Picasso schließlich fragte, ob er nicht Bühnenbild und Kostüme für das neue Tanzstück der Truppe anfertigen wolle, war der Maler zunächst unschlüssig. Bisher hatte er noch nie für die Bühne gearbeitet, aber neue Herausforderungen waren ja gerade seine Stärke. Mit diesem Auftrag würden seine Bilder durch die Tänzer und mit der Musik auf der Bühne lebendig werden. Das Publikum würde die Kunst zumindest während der Aufführung wie einen Teil seines eigenen Lebens erleben. Dieses Angebot konnte er sich nicht entgehen lassen! So begann Picasso Anfang 1917 mit der Arbeit.

Alle packen mit an

Die Zeit war knapp. Bis Mitte März sollte das Bühnenbild stehen. Cocteau, der wunderbare Dichter, Picasso, der geniale Maler, Léonide Massine, der erfolgreiche Tänzer und Choreograf, sowie Erik Satie, der begabte Musiker, machten sich mit großem Eifer an die Arbeit. Das war eine turbulente Zeit für diese genialen Köpfe, aber es funktionierte gut, sehr gut sogar. Ein kluges Team hatte sich hier zusammengefunden, in dem jeder dem anderen viel Raum ließ und auch Neuerungen akzeptierte. Pablo Picasso konnte seine Möglichkeiten in alle Richtungen ausschöpfen. Und was er dann auf die Beine stellte – im wahrsten Sinne des Wortes, wie wir noch sehen werden –, war träumerisch und realistisch, kubistisch und lustig zugleich.

Das Traumland der Zirkusleute

Der Bühnenvorhang war wie ein riesiges Gemälde gestaltet. Dunkelrote Vorhänge gaben den Blick frei in eine traumverlorene Welt der Gaukler und Artisten.

Eine Einladung für jeden Theatermenschen: »Trete ein und setze dich mit den Wandersleuten und Jahrmarktkünstlern an einen Tisch. Hier wird getrunken, gelacht und Musik gespielt.« Einige Schausteller blicken erstaunt hoch zu dem Affen, der mit spitzbübischem Eifer den Theatervorhang vor den Schauplatz dieser Idylle ziehen will. Der engelhafte Bote mit den Flügeln versucht ihn von der Leiter herunterzuholen. Pegasus, das geflügelte Pferd der Mythologie, steht währenddessen seelenruhig auf den Bühnenbrettern und leckt zärtlich sein Fohlen. Vor ihm rollt ein blauer Sternenball, der wie eine Weltkugel aussieht.

Hoppla, die Mauern schwanken

Doch Vorsicht! Lasst euch nicht auf diesen Bühnentraum ein. Denn die Geschichte, die der Bildvorhang erzählt, bricht ganz plötzlich ab, als er das eigentliche Bühnenbild freigibt. Eine Straßenszene wird sichtbar, scheinbar kippende Häuserfassaden mit dunklen Fenstern. Sind wir hier gar in New York? Vielleicht sehen wir aber auch eine Straße in Paris und den schwankenden Eingang einer Zirkusbude. Die Ebenen sind versetzt, die Perspektive verschoben. Der Kubismus lässt schön grüßen. Die Architektur wird zerstückelt und in mehreren Ansichten auf die Bühne gebracht. Darin kennt sich Picasso aus. Seine kubistischen Gemälde standen dafür Pate. Die Stimmung wirkt nicht gerade sehr einladend, aber dann kommen sie, die Pappriesen!

Von Pappriesen und Papppferden

Drei Meter hohe, lebendige Skulpturen! Zuerst erscheint der skurrile »Französische Manager« mit Schnauzer und Frack. Die Wolkensilhouette und den Gehstock trägt er gleich mit. Es ist verwirrend, Figur und Umgebung in einem zu sehen! Das Ganze ist eine Zusammenstellung aus verschiedenen Kartons, die mit Farbe übermalt wurden. Der Herr im Frack kündigt den »Chinesischen Zauberer« an. Im farbenprächtigen Jackett in Orange, Gelb, Schwarz und Silber versucht der Tänzer, das Publikum mit Zauberkunststücken in sein Zelt zu locken. Zum Schreien komisch ist dann der zweite Pappriese, der »Amerikanische Manager«. Statt der Wolken des Pariser Himmels trägt er die New Yorker Stadtkulisse mit sich. Mit Megaphon und Plakat macht er auf die nächste Nummer aufmerksam: das »Kleine Amerikanische Mädchen«. Sie spielt und tanzt Stummfilmszenen nach. Und dann erscheint als Krönung dieses surrealen Spektakels das »Pferd«, eine Pferdeattrappe, muss man eher sagen. Das Pferd ist ungefähr so groß wie seine beiden Managerkollegen, der Kopf ist einfallsreich aus zwei ineinandergeschobenen Kartons gestaltet. Vorder- und Hinterteil des kubistischen Pferdes sind aus Sackleinen. Ob die Tänzer darin überhaupt Luft bekamen? Wahrscheinlich torkelten sie eher, als dass sie tanzten. Wer Sinn für Humor hatte, konnte hier seinen Spaß finden und herzlich lachen.

Soll das eine Tanzaufführung sein?
Danach sprangen und tanzten »Akrobat und Akrobatin«. In blau gemusterten Gymnastikanzügen bildeten sie einen lebendigen Kontrast zu den steifen Kartonriesen. Was für ein Spaß! Scheinbar war das alles ein Vorspiel zum eigentlichen Stück, das im Innern der Jahrmarktbude weitergehen sollte. Ein Spiel im Spiel auf der Bühne. Die unterhaltsame »Parade« dauerte jedoch nur 14 Minuten. Das Publikum war entrüstet. Was? Diese Aufführung sollte Tanz sein, ganz große Bühnenkunst? Nur die wenigsten konnten die lebendigen Skulpturen als das sehen, was sie waren: ein Gesamtkunstwerk aus allen Künsten, gewürzt mit einer Prise Witz und Ideenreichtum.

Der Maler und die Tänzerin
Da das Stück dem Publikum gar nicht gefiel, kam es nur wenige Male zur Aufführung. Aber es begründete Picassos Ruf als Bühnenbildner, er arbeitete noch viele Jahre erfolgreich für Diaghilew und seine »Ballets Russes«. Er tat es mit Leidenschaft und Liebe, denn er lernte dort seine erste Ehefrau Olga kennen. Sie half ihm, als Maler in die Welt des Tanzes, der Bühne und feinen Gesellschaft einzutreten. Von nun an begann für Picasso eine abenteuerliche Theater- und Ballettzeit mit wunderbaren Gemälden, Zeichnungen und Bühnendekorationen.

Der Amerikanische Manager

Die Tänzerin des Lichts

Schlangentanz aus Licht und Schatten

Langsam wird es dunkel im Zuschauerraum und auch auf der Bühne. Das Publikum wartet gespannt auf die Vorführung. Ganz Paris spricht davon. Jeder, der etwas auf sich hält, muss dieses Schauspiel gesehen haben. Das Gemurmel der Gäste ebbt ab. Erst hört man nur ein leises Rascheln von Stoff. Loïe Fuller betritt die Bühne, aber man sieht sie noch nicht. Man hört nur ihr langes Kleid aus Seide, das von überlangen Armen gehalten wird. Plötzlich beleuchten Scheinwerfer von hinten ihren Körper. Das Licht geht durch ihren Körper hindurch, als wäre er gar nicht da. Eine körperlose Loïe, Gestalt aus Licht und Schatten. Langsam, dann schneller beginnt sie sich zur Musik zu bewegen. Sie spielt mit dem Licht und dem Publikum wie die Katze mit der Maus. Mal tritt Loïe hinein in die Beleuchtung und lässt sich in ihrer ganzen Größe bescheinen. Dann wieder weicht sie zurück ins Dunkel. Irritiert versuchen die Zuschauer, ihre Gestalt und die Formen zu fassen, die wie in einem Fluss immer wieder neu entstehen. Bald dreht sie sich wie ein Kreisel. Kein Bild ist fest. Jede Bewegung löst sich sofort wieder in der nächsten auf. Schlangenlinien aus Licht und Stoff tanzen vor den Augen des Publikums. Die gestickte Schlangenlinie auf dem weißen Seidenkleid gleitet unwirklich durch den Bühnenraum. Wie eine Welle aus Licht, Form, Tanz und Musik rollt die Vorführung über die Zuschauer hinweg und nimmt sie ganz in ihren Bann. Atemlos still ist es in den »Folies-Bergère«. Doch als die Darbietung beendet ist, bricht tosender Applaus los.

Eine »Fee des Lichts« für die Künste

Da steht sie nun in der Mitte der Bühne und nimmt den Applaus des Publikums entgegen. Sie strahlt! Morgen wird man in den Zeitungen von ihr lesen: »Göttin des Lichts« oder »Fée d'Electricité«. Kritiker und Künstler liegen ihr gleichermaßen zu Füßen. Der weite Weg aus Amerika nach Paris hat sich weiß Gott gelohnt. Hier in Paris findet sie das erste Mal die Anerkennung, die sie braucht, um sich künstlerisch weiterentwickeln zu können. Hier trifft sie Freunde, Förderer und interessierte Künstler, mit denen sie über ihre Arbeiten sprechen kann. Nirgendwo sonst in der Welt gab es zu Ende des 19. Jahrhunderts schon eine so brodelnde Ideenküche, eine solche Vielzahl an technischen, wissenschaftlichen und künstlerischen Herausforderungen.

Getanzte Bilder aus Licht

Genau genommen haben wir jetzt das Jahr 1892. Im November war Loïe nach Paris gekommen, um ihren Schlangentanz aufzuführen. Den eigenen Körper wollte sie wie eine Skulptur im Raum bewegen und allein mit dem Licht die Formen in die Dunkelheit schreiben. Die Impressionisten verstanden sofort. Auch sie arbeiteten ja seit einiger Zeit daran, den Augenblick in der Malerei einzufangen und die Form aufzulösen. Genau das machte auch die Tänzerin mit ihren getanzten Lichtbildern. Allerdings, so spontan die Bewegungen der Künstlerin zu sein schienen, so genau waren sie durchdacht und choreografiert. Da war sie vielen französischen Malern dieser Zeit verwandt.

25

Toulouse-Lautrec, Loïe Fuller, 1893

Doch warum wirkten die beweglichen Bilder aus Seide und Stoff auf der Bühne so riesig? Loïe Fuller benutzte einen recht eigenwilligen Trick. In den Saum ihres Kleides aus feinstem Crêpe de Chine ließ sie Bambusstäbe einnähen, die wie eine Verlängerung der Arme wirkten. Mit ihrer Hilfe konnte Loïe die Stoffbahnen wesentlich wirkungsvoller entfalten, sie in Spiralen, Schrauben und Kreisen drehen und damit ihre überdimensionalen Lichtbilder in den Raum malen. Bis zu 50 Meter Stoff waren das bisweilen! Die musste man erst einmal mit Händen und Armen beherrschen können! Für diese Idee meldete sie noch in Amerika ein Copyright an, denn nach ihren ersten Aufführungen gab es eine richtige »Loïe-Fuller-Epidemie«. Eine Unmenge Nachahmerinnen wollten es ihr gleichtun. Doch um die Künstlerin musste sich keiner Sorgen machen, so einzigartig wie sie war keine.

Achtung: Strahlung!

Einzigartig und experimentierfreudig ging Loïe Fuller mit allen technischen Neuerungen und den verschiedensten Materialien um. Sie machte auch vor den Gebieten der Chemie und der Elektrizität keinen Halt. Nachdem Edison 1879 die Kohlenfadenlampe, den Vorläufer unserer heutigen Glühbirne, erfunden hatte, erstrahlten die Straßen, Plätze und städtischen Gebäude in der französischen Hauptstadt auch bei Nacht. Da lag es auf der Hand, dass Loïe Fuller mit den neuen technischen Möglichkeiten auch auf der Bühne eine immer ausgefeiltere Show bieten konnte. So kamen unterschiedliche Lichtquellen zum Einsatz. Ein besonderer Trumpf war der eigens für sie hergestellte Glaseinsatz im Bühnenboden mit individueller

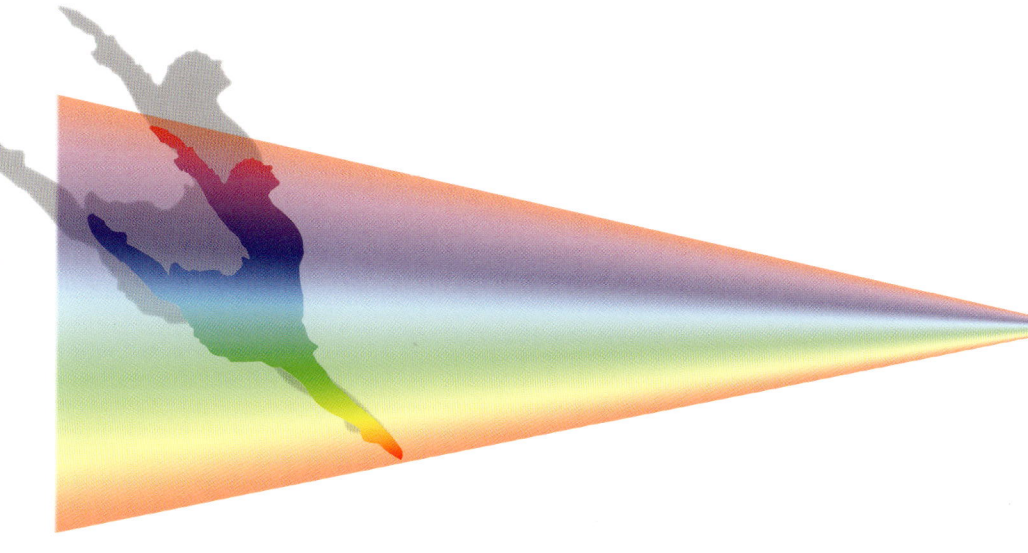

Beleuchtung. Nun wurde Loïe auch von unten angestrahlt. Unwirklich, wie eine Traumfängerin. Loïe Fuller war sogar verrückt genug, mit Radium zu experimentieren, weil sie die fluoreszierende Wirkung im Dunkeln für ihre Kunst nutzen wollte. Ein gefährliches Unternehmen, das sie wohl auch nicht weiterführte. Ihre Freunde Pierre und Marie Curie, die Entdecker dieses radioaktiven chemischen Elements, hatten ihr möglicherweise davon abgeraten. Wie gefährlich dieser Stoff tatsächlich war, wussten aber selbst die Wissenschaftler damals noch nicht.

Formen mit Licht, geht so etwas?

Doch das sollte nicht alles sein. Wie ein Maler auf seiner Palette oder der Leinwand Farben mischt, so bediente sie sich auf ähnliche Weise ihrer Mittel. »Ich bilde mit dem Licht!«, sagte sie immer wieder. Die Farbpigmente des Malers waren bei Loïe das farbige Licht und ihr Kleid stellte die Leinwand dar. Die Seide wurde mit Hilfe des Lichts in unterschiedliche Farbnuancen getaucht. Loïe spürte sofort, wenn die Farben nicht miteinander harmonierten und feilte wochenlang an der richtigen Farbgebung.

Ein Feuertanz ganz ohne Flammen

In einem ihrer berühmtesten Tänze, dem Feuertanz, loderte ihr Gewand, als würden die Flammen an ihrem Körper hochkriechen. Orange wurde durch das ständig wechselnde Licht des Glaseinsatzes zu einem flammenden Rot. So entstand ein tanzendes Flammeninferno, ganz ohne Nebenwirkungen. Je ausgeklügelter ihre Beleuchtungsshow wurde, umso differenzierter arbeitete die Künstlerin mit

verschiedenen Glasplatten und Fotografien, Landschaftsaufnahmen und Wolkenbildern. Sogar eine der ersten Aufnahmen des Mondes benutzte Fuller für ihre Lichtvisionen und Träume.

Verwandlungen ohne Handlungen

Ihren Mut konnte man auch in ihren Bewegungen wiedererkennen. Sie wollte ihren Tanz in einen Raum hineinfließen lassen, der sich mit ihrem Körper, den riesigen Stoffbahnen und dem wechselnden Licht immer wieder veränderte. Mit dem Tanz Geschichten zu erzählen, nein, so etwas kam ihr nie in den Sinn. Das war von gestern. Der ganze Raum sollte schwingen und gestaltet werden, und das bei jeder ihrer Aufführungen neu.

Das war Loïes Geschichte. Viele Künstler haben von ihr abgeschaut. Nicht umsonst sollte Loïe Fuller die beiden wichtigsten Tänzerinnen des beginnenden 20. Jahrhunderts beeinflussen, Mary Wigman in Deutschland und Martha Graham in Amerika.

Die Futuristen lassen die »Puppen« tanzen

Rennwagen und schnelle Bilder

Loïe Fuller, bediente sich ganz selbstverständlich der neuesten technischen Möglichkeiten. Das war die Kunst der Zukunft. Eine Kunstrichtung, die genau das auch wollte, war der Futurismus. Der Name war Programm. Denn Futur heißt nichts anderes als Zukunft. Und genau die wollten die Futuristen mitgestalten. Schnelligkeit, Gleichzeitigkeit und Dynamik, das war ihre Zauberformel. Ein Rennwagen, meinten sie herausfordernd, sei schöner als eine antike Skulptur. Damit war die »Nike von Samothrake« gemeint, die wir noch heute im Louvre bewundern können. Über 2000 Jahre ist die Skulptur alt. Was hat sie mit einem Rennwagen zu tun? Nichts. Fast nichts. Sie steht für die Vergangenheit und die Kunst der Museen, die in den Augen der Futuristen staubtrocken und nicht mehr zeitgemäß war. Die Futuristen waren ganz schöne Hitzköpfe, die Ideen in Büchern und auf Versammlungen kundtaten. Dabei gingen sie nicht gerade zimperlich miteinander um. Es kam immer wieder zu lautem Streit und sogar zu Schlägereien. Zunächst in Italien, ab 1912 auch in London, Paris und Moskau diskutierten sie scharfzüngig ihre Ideen. In ihrem »Malmanifest«, das die führenden Köpfe der futuristischen Malerei 1910 in Mailand veröffentlichten, konnte man nachlesen, was von nun an in der Kunst zählen sollte. Wieso war das für unsere Künstler der Zukunft und Moderne denn eigentlich so wichtig, dass man sich dafür sogar schlagen musste?

Fliegen, Fahren, Zukunft bauen

Tatsächlich gab es zur Zeit der Futuristen viele geradezu atemberaubende technische Errungenschaften. Die Entdeckung der Elektrizität und die Erkenntnisse, dass die Dinge aus winzigen Atomen zusammengesetzt sind, hatten den Blick auf die Welt völlig verändert. Sie war größer und kleiner zugleich geworden. Was für uns heute selbstverständlich ist, schien damals an Wunder zu grenzen. Immer mehr Autos fuhren auf den Straßen. Das Fliegen, ein Traum des Menschen, wurde endlich wahr. Diesen vielen Veränderungen in der Welt wollten die Futuristen in ihrer Malerei gerecht werden. Aber wie? Wie konnte man drinnen und draußen, fern und nah, Gesehenes und Gefühltes, Geschichten und verschiedene Zeiten in ein Bild bringen? Wie konnte man diese Gegensätze miteinander vereinen und die Bewegung in mehrere Phasen zergliedern, aber trotzdem gleichzeitig auf die Leinwand bannen? Geht das überhaupt? Und wenn ja, wie?

Ein Bausatz für die Malerei

Stellt euch einen Bausatz vor. Unsere Bausteine sind die Bilder der Vorstellung: unterschiedliche Eindrücke und Gefühle, Bewegungen, ein Raum, vielleicht mit Musik und Tanz, darin eine oder mehrere Personen. Diese einzelnen Elemente sollen nun Stück für Stück so zusammengesetzt werden, dass sie eine Einheit bilden. Aber Ach-

tung, es soll alles zusammenspielen! Deshalb muss man die zerlegten Bauelemente der Fantasie neu miteinander kombinieren, inein-
anderschieben oder noch einmal aufsplittern, damit ein neues Ganzes entsteht. Zugegeben, das sieht dann nicht mehr so aus,
wie wir die einzelnen Elemente aus der Realität kennen.
Aber was macht das schon, wenn man dafür etwas
ganz Neues bekommt?

Zukunftsstürmer für den Tanz
Einer der Futuristen, der besonders gerne Tanz-
aufführungen besuchte, war Gino Severini. Er
war Stammgast in den Ausflugslokalen und
Tanzsälen von Paris. Dort schaute er sich gerne
den Chahut an, den wir von Seurat her kennen,
oder den Tango und den orientalischen Tanz.
Natürlich begeisterte ihn auch Loïes Schlangentanz. Das Aufsplittern der Formen in Licht und Energie, das war es, was er in die Malerei hineinbringen
wollte. Auf seine Weise ist ihm das sehr gut gelungen.

Hilfe! Die Tänzerin löst sich auf!
Man kann den weiten, hellen Rock, der so schön schwingt, wenn die
Tänzerin beim Cancan das Bein in schnellem Tempo in die Luft
wirft, nur erahnen. Wie Atome scheint er sich in viele kleine Teile zu
zersetzen und immer wieder neu aufzubauen. So auch das Gesicht
mit Hut, die Arme und Beine. Wo ist das Auge? Lacht der Mund?

Ernst wirkt die »Chahut-Tänzerin« und von der Kraft der Bewegung
fortgetragen. Wie die Tragflächen eines Flugzeuges sind die Arme
ausgebreitet – die Tänzerin fliegt! Der Schwung der Beine wird in
unterschiedliche Stadien zerlegt. Die hochhackigen
Schuhe bieten am unteren Bildrand nur einen kurzen Halt. Dann wieder hat man den Eindruck
des Rotierens, Vibrierens, der Auflösung. Die
Formen explodieren. Das malerische System
funktioniert. Die Bausteine sind so ausein-
ander- und erneut zusammengesetzt, dass
eine neue Wirklichkeit entsteht. Eine
dynamische Stimmung, der Rhythmus
einer Bewegung. Eine Tänzerin aufgelöst
in Energie und Kraft. Die spürt jeder, der
das Bild sieht.

Der Tanz der Marionetten
In Rom, wohin sich einige der Futuristen während
des Ersten Weltkrieges zurückgezogen hatten, feilte
man an den futuristischen Ideen von Technik und Mechanik
weiter – im Atelier von Giacomo Balla, um genau zu sein. Zu dieser
Zeit gab es in Rom Aufführungen der legendären »Ballets Russes«.
Ihr Chefchoreograf Diaghilew war von den Arbeiten Ballas und seiner Kollegen ganz fasziniert. So etwas wollte er auch auf die Bühne
bringen. Sofort bat er sie um ihre Mitarbeit. Balla und Fortunato
Depero folgten dieser Bitte mit Begeisterung. Von nun an waren die

Futuristen mit dem Virus Tanz und Theater infiziert. Welche neuen künstlerischen Möglichkeiten es hier gab! Auch den Schlangentanz von Loïe Fuller hatten die Zukunftsstürmer immer noch in Auge und Ohr. Aber statt des bewegten, weich fließenden Körpers hatten sie eine neue Idee. Wie, wenn man Gliederpuppen nehmen würde, um die mechanische Bewegung auch auf die Bühne zu übertragen? Ja, das war es! Die Errungenschaften der Technik und der Maschinen konnten so ganz einfach in die Kunst und Bewegung einfließen. Gesagt, getan!

Maschinenmenschen und Mechanik

Rom an einem Aprilabend im Jahr 1918: Fortunato Depero zeigt im Teatro dei Piccoli seine »Balli Plastici«, seine »Plastischen Ballette«. Selbstentworfene Holzmarionetten bevölkern die Bühne dieses kleinen Theaters, lustige und merkwürdige Figuren, die aus wenigen bunt bemalten Formen zusammengesetzt wurden. Fortunato will seine eigenen Geschichten erzählen, und die Figuren tanzen nach seiner Pfeife. Da dreht sich die Ballerina mit ihrem blauen Holz-Tutu um die eigene Achse. Der Clown marschiert zusammen mit einem Hahn auf die Bühne. Die Harlekine gehen in Reih und Glied. Natürlich kann man diese Aufführung heute, neunzig Jahre später, nicht mehr sehen. Aber es gibt Bilder dazu, die diese Geschichte nacherzählen und die Marionetten zu neuem Leben auferstehen lassen. Die Maschinenmenschen führen ihr eigenes kleines Schauspiel auf. Ganz so, wie unser Malerchoreograf Fortunato Depero sich das wünscht.

Mit der Schere malen

Der Tanz auf der Wand

Unschlüssig steht Henri Matisse vor einer riesigen Leinwand.
Drei mal fünf Meter ist sie groß. Wie soll er bloß sein Tanzbild auf
diese große Fläche bringen! Der Sammler Albert Barnes hat für
seinen Ausstellungsraum in Merion ein Wandbild bei ihm
bestellt. Und nun steht Matisse schon seit Tagen davor und
weiß nicht so recht, wie er seine Tanzfiguren darauf verteilen
soll. Erfinderisch ist er ja, das muss man ihm lassen. Er hat seinen
Kohlestift an einen langen Bambusstock gebunden und zeichnet
die Tanzbewegungen in gewohnter Weise, rhythmisch und
bewegt. Doch er ist ganz und gar nicht zufrieden mit sich.
Die Komposition stimmt einfach noch nicht.

Dieses Kunstwerk soll etwas Großes werden. Nicht nur in den Ausmaßen.
Der Tanz ist etwas Ungewöhnliches, denkt Matisse, und er ist sein großes
Thema. Leben und Rhythmus fließen in der Bewegung zusammen. Er hat den
Ort vor sich, für den das Bild bestimmt ist. Es ist ein Raum mit hohen Decken,
großen Fenstern und darüber drei riesigen Bogenfeldern. Hier soll »sein
Tanz« eingebettet werden. Ganz so, als seien die Wandbilder selber ein Teil
der Architektur, Bilder auf Zement und Stein. In dem neuen Ausstellungsraum
sollen Werke seiner Freunde und Bekannten gezeigt werden. Auch eine
seiner Arbeiten wird dort vertreten sein. Da darf sein Wandbild nicht zu sehr

von den ausgestellten Bildern seiner Freunde ablenken und sollte doch etwas ganz Eigenes darstellen. Wie aber soll er eine Verbindung zwischen Bild und Architektur hinbekommen? Wie würdet ihr das machen? Habt ihr schon einmal eine ganze Wand mit einem Thema bemalt? Das ist gar nicht so einfach. Monsieur Matisse kommt plötzlich die rettende Idee: der Scherenschnitt! Den hat er schon einmal erfolgreich eingesetzt, um ein Modell zu bauen und herauszubekommen, wie etwas in Groß aussehen wird.

Schnipp, schnapp Scherenschnitt

Matisse erinnert sich gut daran. Der berühmte Choreograf und Tanzchef der »Ballets Russes«, Diaghilew, kam 1919 auf ihn zu und bat ihn, Kostüme und Bühnenbilder für sein Ballett zu entwerfen. Matisse war begeistert und fühlte sich geehrt. Er würde etwas ganz Neues schaffen, und das mit der Schere. So entstanden damals Kostüme und ein Modell der Bühne mit ausgeschnittenem Papier. Das war vor ungefähr zehn Jahren. Nun also soll mit der Schere ein riesiges Wand-Tanzbild entstehen. Matisse legt los.

Schnipp, schnapp. Scharf durchtrennt die Schere das Papier. Die Bögen hat der Maler schon farbig bemalt – mit Wasserfarben, darin Deckweiß, Bindemittel und Harze, damit alles gut zusammenhält. Die Farbschicht wird dadurch dick und wenn sie trocknet, ist sie hell und ein wenig spröde. Gouachetechnik nennt man das. Schnipp, schnapp, schneidet Matisse Rundungen und Ecken. Beine und Arme ergeben sich wie von selbst. Bald wird er daraus seine Figuren »zusammensetzen«. »Ich baue mir ein Bild«, denkt er, »und male mit der Schere.« Matisse lacht in sich hinein. Die Körper der Tänzer nehmen in seiner Fantasie Gestalt an, und die Formen ergänzen sich wie von selbst zu einem großen Ganzen.

Ein Puzzlespiel aus Form und Farben

Als er mit seiner Schneidearbeit fertig ist, beginnt er die Formen auf einer Leinwand zu verschieben. Collagieren nennt man das auch. Er verschiebt und ordnet neu. Noch hat sich keine Verbindung zwischen Bild und Architektur ergeben. Kennst du das Gefühl, der Lösung eines Problems ganz nahe zu sein? Aber du kannst sie nicht greifen, noch nicht. So geht es Matisse nun mit seinen Formen und Farben.

Dann plötzlich hat er die Komposition vor Augen, so wie ein Musiker die Symphonie im Ohr hat. Die Figuren müssen so gesetzt werden, als ob sie aus dem Raum hinaustanzen würden. Henri Matisse schneidet die Körper an, versetzt einzelne Elemente und hinterlegt schwarze, blaue und rosa Felder. So entwickelt sich das Bild Stück für Stück. Das Resultat kann sich sehen lassen.

Ein Maler und ein Anstreicher

Jetzt muss er das Ganze nur noch auf die riesige Leinwand übertragen. Bei der genauen Vorlage und den klaren Formen ist das nicht schwer. Aber was für ein erneuter Zeitaufwand! Und wieder kommt Matisse eine glänzende Idee. Ich verrate sie euch nur, wenn sie unser Geheimnis bleibt, einverstanden? Matisse hat damit einen Anstreicher beauftragt. Ja, wirklich, das ist kein Scherz. Ein bisschen peinlich war ihm das schon, und er hat das nur seinem Sohn gestanden. Viele wissen das auch heute noch nicht, also deshalb, psst! Als er das fertige Kunstwerk 1932, nach langer Arbeit und einigen Anläufen, endlich am vorgesehenen Platz sieht, ist er zufrieden: »Diesen Tanz habe ich lange schon in mir gehabt«, denkt Matisse. Barnes findet gar, dass der Raum nun wie eine Kathedrale erstrahlt und der Sammler selbst strahlt mit dem Bild um die Wette.

Matisse hat Recht. Tatsächlich hatte er diesen Tanz schon lange in sich. Und eigentlich hat er ihn auch schon einmal gemalt. Es gibt sozusagen ein Vorgängerbild, das vor langer Zeit entstanden ist. Aber es wird euch nicht wundern, zu erfahren, dass die Ausführung so ganz anders ist als der »Tanz von Merion«. Denn Matisse ist ein einfallsreicher und genialer Maler. Und er wendet in dem »alten« Bild einen Trick an, um die Kraft und Dynamik des Tanzes zu unterstreichen. Findet ihr mit mir heraus, welchen?

Drehn' wir uns im Kreise – Matisse lässt Farben leuchten

Wer kennt ihn nicht, den Reigen, bei dem man sich übermütig im Kreise dreht oder an den Händen fasst und durch die Räume schlängelt. In den Caféhäusern und Bars von Paris hat jeder gewusst, wie man übermütig tanzt und feiert. Matisse wohl auch. An einem Sonntagnachmittag besucht er das Lokal »Moulin de la Galette«. Er beobachtet die fröhlich hüpfenden, tanzenden und singenden Menschen. Ein Lied auf den Lippen, kehrt er abends müde in sein Atelier zurück. Der russische Sammler Sergej Schtschukin hat bei ihm ein vier Meter großes Bild in Auftrag gegeben. Singend beginnt er mit dem »Tanzbild«, das alles zusammenbringen soll: die Landschaft, das Licht, die Farben und den Rhythmus.

Farben tanzen

Blau ist der Himmel, der auf den satt grünen Hügeln ruht, und rot, wie gebrannter Ton, leuchten die Menschen, die einen ausgelassenen Reigen tanzen. Blau ist auch der Himmel im Sommer an Frankreichs Südküste, leuchtend grün die Landschaft. Matisse hat die Farben in sich eingesogen und funkelnd und leuchtend wiedergegeben. Ganz in ihren eigenen Rhythmus versunken sind die fünf Tänzer, und man spürt mit ihnen die Kraft des Tanzes und das Vibrieren der Farben! Es tanzt die Farbe höchstpersönlich. Aber stopp, Monsieur Matisse! In welche Richtung geht der Tanz eigentlich? Tatsächlich: Matisse hat zwei gegensätzliche Bewegungsrichtungen in diesen Reigen gebracht. Hinten beim linken Tänzer kann man das ganz gut beobachten. Mit ziemlichem Schwung prallen dort die Bewegungen aufeinander. Und im vorderen Kreis reißt es die Tänzer gar auseinander. Was für eine Kraft! Die Oberkörper sind heftig geneigt, die Füße zum Absprung bereit, so als wäre jeder Tänzer schon in der nächsten Bewegung. Wie zwei Züge, die aufeinander zurasen. Kein schlechter Trick. So kann eine Dynamik entstehen, die wir am eigenen Körper spüren. Matisse muss den Tanz wirklich in sich gehabt haben, um dem Bild diese intensive Stimmung geben zu können.

Die »wilden« Maler aus Frankreich

Aber er muss auch sehr viel von Farben verstanden haben. Nicht umsonst war Matisse Anfang des 20. Jahrhunderts der Anführer der Künstlergruppe »Les Fauves«. Auch das kommt aus dem Französischen und bedeutet »Die Wilden«. Sie wollten in ihrer Kunst nur leuchtende Farben verwenden, die sie in großen Flächen nebeneinander setzten. Die Farben sollten ihre eigene Kraft entfalten dürfen. Genau das tun sie im Tanzbild, das 1909/10 für Sergej Schtschukin entstanden ist, der die Bilder der »farbwilden« Maler begeistert gesammelt hat. Matisse war in dieser Hinsicht wirklich ein Wilder und Tanzbegeisterter, der keine Anstrengung scheute, um seine Ideen umzusetzen.

Die geheimnisvolle Zeichensprache Mirós

Meer, Miró, Mirare

Stell dir ein altes Haus am Meer vor. Dort wohnte vor hundert Jahren ein Maler. Er liebte das Meer, die Landschaft und die vielen Dinge, die er mit den Händen und mit den Augen entdecken konnte. »Mirare« bedeutet auf Spanisch schauen. Ganz genau schaute er, ein Augenmensch also. Und so ist es nicht verwunderlich, dass er dieses Wort in seinem Namen trägt: Joan Miró heißt er. Und er wurde einer der bekanntesten Maler seiner Zeit.

Sterne, Blumen, Vögel und ein Geheimnis

Das kleine Haus, in das sich Miró als junger Künstler so gerne zurückzog, lag im Norden Spaniens, nahe am Mittelmeer. Sein Vater hatte es gekauft. Hier entschied er sich dafür, Maler zu werden. Auf Miró machte die Landschaft, die ihn umgab, einen besonderen Eindruck. Das Braun der Erde leuchtete in der heißen Sonne Kataloniens wie gebrannter Ton. Und in dem unendlichen Blau des Himmels strahlte die Sonne oder funkelten nachts die Sterne um die Wette. In seinem Kopf entstanden Bilder wie aus einem Traum, und Traumbilder malte er dann auch auf die Leinwand: Sterne, Blumen, Vögel und eigenartige Menschenwesen finden im Bild zu einem Tanz zusammen. Aber irgendwie sehen alle Dinge nicht so aus, wie wir sie aus der Natur kennen. Worin also liegt das Geheimnis seiner Bilder?

Miró erfindet Zeichen für das, was er sieht und zeigen will. Er erschafft eine »Geheimsprache«, mit der die Dinge ein Eigenleben bekommen. Möchtest du diese geheimnisvolle Sprache verstehen? Dann tauche einfach in die leuchtenden Linien und Farbflächen ein, denn in jeder Linie und jeder Farbe kannst du eine neue Welt für dich entdecken.

In den Bars von Barcelona

In seiner Kindheit und Jugendzeit lebte Miró in Barcelona. Dort besuchte er die Kunstschule und traf sich, als er dann älter war, mit seinen Künstlerfreunden in Cafés und Bars. Einmal, es muss so um Weihnachten gewesen sein, besuchte er das damals angesagte Tanzlokal »Eden Concert«. Eine spanische Tänzerin begeisterte ihn ganz besonders. Bewegung war ja ein Teil seiner geheimen Malsprache und so skizzierte er den Tanz schnell und leicht. Später dann malte er ein Bild dazu. Er nannte es »Tänzerin«.

Tänzerin mit Herz und Note

Wir sehen ein Herz an einem haardünnen Faden: Ist das der Körper? Eine Scheibe oder eine Kugel, die wie ein Himmelsplanet in Licht und Schatten getaucht ist, leuchtet vor dem blauen Hintergrund: Wo ist der Kopf? Füße und Beine könnten die Noten sein. Sie bewegen sich nach einer für uns unhörbaren Melodie. Was tanzt die Figur gerade? Sie scheint auf jeden Fall um ihre eigene Achse zu wirbeln. Das zeigt uns die Spirale aus vielen kleinen Punkten und die schwarze Schlangenlinie darüber, sozusagen der Code für die Bewegung. Und was erleben wir, wenn wir das Bild betrachten? Es ist ein Tanz-Traum vor tiefblauem Himmel, hinter dem das Braun des Kartons wie eine Landschaft hervorblitzt. So schwer ist die Geheimsprache Mirós gar nicht zu entschlüsseln, oder?

»Sur-real« – ist das ein Traum?

Miró hat immer wieder Tänzerinnen und Tänzer gemalt. Er hat sie allerdings niemals so gezeigt, wie sie wirklich aussehen, sondern immer auf seine ganz eigene Weise. Mit seinem Geheimcode haucht er ihnen Leben ein und geht dabei weit über das hinaus, was wir Realität nennen. Im Französischen nannte man das auch »sur real«. Daraus wurde eine eigenständige Kunstrichtung, der Surrealismus.

Paris, Paris ...

Als Miró das Tanzbild malte, lebte und arbeitete er bereits in Paris. Mit seinen Künstler-Freunden, darunter auch viele Schriftsteller, organisierte er Ausstellungen und diskutierte über das »Surreale«. Im Surrealismus sollten die Dinge ihr Eigenleben bekommen, Traum und Wirklichkeit ineinander übergehen. Kann man etwas so Gegensätzliches überhaupt zusammenbringen? Vielleicht geht das wirklich nur in der Kunst.

Miró schaffte es. Er konnte das traumhaft Geheimnisvolle und Zeichenhafte so gut wie kein Zweiter in seinen Arbeiten entstehen lassen.

Ein Haus am Meer für Miró
Es gibt ein Haus am Meer, in dem man auch heute noch die Bilder und Traumwelten Mirós anschauen kann. Das Haus steht auf der Insel Mallorca, wo er mit seiner Familie schließlich lebte. Vom Atelier aus kann man das Meer sehen. Der blaue spanische Himmel wölbt sich über diesem Ort. Hier hat Miró bis zu seinem Tod gearbeitet und noch weitere wunderbare Bilder, Skulpturen und Keramiken geschaffen.

Können Farben tanzen? –
Die »Brücke-Gang« im Farbenrausch

Ernst und Fritz, der Karl und der Erich – die Gang der Vier in Dresden

Die Gang der Vier hatte Großes vor. Was genau, das wussten sie anfangs selbst noch nicht. Klar aber war: Die alten Gewohnheiten sollten umgekrempelt werden zugunsten einer neuen Freiheit und natürlich auch einer neuen Form, künstlerisch zu arbeiten. Malen war nämlich ihr gemeinsames Hobby, das sie von Anbeginn ihrer Freundschaft verband. Und gute Freunde wurden sie sehr bald, allerdings konnten schon auch mal die Fetzen fliegen.

Ernst Ludwig Kirchner und Fritz Bleyle hatten sich 1902 an der Technischen Universität beim Architekturstudium kennengelernt. Die Gymnasiasten Karl Schmidt-Rottluff und Erich Heckel kamen zwei Jahre später dazu. Doch bald wurde ihnen das Malen zum eigentlichen Lebensinhalt. Ziemlich unkonventionell waren ihre Arbeitsstätten: Ein leer stehender Fleischerladen wurde anfangs als Lager genutzt, ein Schusterladen war das Atelier. Prima Licht hatte man dort, und die ungemütlichen Räume wurden mit Bildern, Batiken und selbst angefertigten Möbeln ausgeschmückt.

Über wie viel Brücken musst du gehen?

Der Name der Gang sollte gleichzeitig ihren künstlerischen Weg beschreiben. Über Brücken gehen, auf zu neuen Ufern! Von denen gab und gibt es übrigens ziemlich viele in Dresden. Der Name war Programm und lag auf der Hand: »Die Brücke«. 1906 traten Emil Nolde und Max Pechstein bei. Siebter im Bund wurde schließlich Otto Müller. Es war ziemlich modern, wie damals die

»Brücke-Gang« und die »Wilden Sieben« ihre Leute anwarben. Man konnte nämlich auch passives Mitglied werden.
Mit Jahresmappen, die an die Mitglieder verteilt wurden, sorgte die Gruppe für die nötige Werbung. Ganz schön clever!
Diese Mappen sind heute übrigens begehrte Sammlerobjekte.

Das Leben kann so schön sein!
Selbstverständlich mischte man sich unter die Leute und genoss das Stadt- und Landleben in vollen Zügen. Zirkus, Varieté, Tanz, Ausflüge aufs Land: Ach, das Leben kann so schön sein! Wenn da nur nicht immer die kritischen Stimmen gewesen wären, die alles in Frage stellten! Die »Brücke-Gang« wehrte sich gegen Regeln und Zwänge – im Leben und in der Kunst. Sie wollten etwas wagen. Ihre Gefühle ausleben. In Bewegung bleiben. Dafür war Berlin der beste Ort in Deutschland, und nach und nach trudelten sie auch alle dort ein.

Berlin, Berlin ...
Ab 1910 trumpfte Berlin mit allem auf, was eine Hauptstadt nur bieten konnte. Berlin, das bedeutete Großstadt mit kleinen engen Vierteln und großen Mietshäusern. Das bedeutete ein Gemisch aus Zugewanderten aus vielen Regionen Deutschlands und Europas und »Einheimischen« mit Berliner Schnauze. Es gab Feste und Kulturereignisse wie sonst nirgendwo, mit Theater, Kunst, Tanzcafés und Bars. Die »Brücke-Künstler« waren begeistert! Hier fanden sie das Publikum, das ihre Kunst verstehen konnte. In Dresden waren sie nämlich nicht sehr erfolgreich gewesen, aber hier in Berlin konnte die »Brücke-Gang« das moderne Leben führen, das sich die Künstler

Pechstein, Tanz, 1909

immer erträumt hatten. Hier konnte man sich dem Vergnügen, dem Augenblick und auch dem Tanz hingeben.

Von Jazz und Gummimenschen
Auch wenn der Weg über den Atlantik damals noch recht lange dauerte, hatte irgendwann zu Beginn des 20. Jahrhunderts der Jazz auch Berlin erreicht, und die ganze Stadt war im Swingfieber. Die soge-

nannten »Negertänze« faszinierten alle. Das war eine Musik, die fremdländisch und anders war, voller Rhythmus. Für unsere »Brücke-Gang« bot sie eine neue Möglichkeit, ihren Schwung auszuprobieren.

Postkarten für einen guten Freund

Ernst Ludwig Kirchner, der sich immer als der Kopf der Gruppe verstanden hatte – was die anderen ganz und gar nicht so sahen – , hatte sich schon in Dresden dem Varieté, Kabarett und Vergnügen hingegeben. Im »Admiralspalast«, »Wintergarten« oder »Café Bauer« in Berlin fand er Gefallen an dem neuen großstädtischen Lebensgefühl, das unmittelbar und spontan war. Der Tanz fesselte ihn besonders. Wer konnte die Bewegung des Tanzes am besten in Bildern umsetzen? Und mit welcher Technik? Kirchner übte sich in diesem unausgesprochenen Wettstreit auf seine Weise. Vielleicht habt auch ihr schon einmal für eure Freunde Postkarten selber gestaltet und verschickt. Das macht großen Spaß. Kirchner muss das ähnlich gesehen haben, denn er hat seinem Freund und »Brücke«-Kollegen Erich Heckel ziemlich viele davon geschickt – mit Tanzmotiven natürlich. Die schwungvollen »Vier Tänzerinnen in Schwarz« hat er aber an seine spätere Frau, Sidi Riha, geschickt. Die Karten an Kirchner haben sich leider nicht erhalten.

Eine Zeichenformel fürs schnelle Zeichnen

Natürlich konnte man die Geschwindigkeit der Bewegung auf der Bühne niemals mit dem Zeichenstift auf dem Papier erreichen. Also musste man sich etwas einfallen lassen, um das Schnelle und Tänzerische festzuhalten. Kirchners Formel war so einfach wie wirksam: Er zeichnete Linien, die manchmal abbrechen und die Formen offen lassen. Überschneidungen, Wiederholungen und starke Farbkontraste springen sofort ins Auge.

Tanzen heißt Leichtigkeit!

Nur ein Jahr lang gehörte der Maler Emil Nolde der »Brücke« an. Lange genug, dass man ihn heute mit dieser »Künstler-Gang« in Verbindung bringt. Er liebte die Lebensfreude, die der Tanz versprühte, das Unbeschwerte und Befreiende. Er liebte es, sich mit der Bewegung malend und tanzend auszudrücken. Nolde hieß eigentlich Hansen und stammte von friesischen Bauern ab. Er hatte die Erdenschwere und den sturen Dickkopf, den man den Norddeutschen so gerne nachsagt. Aber vielleicht gerade darum liebte er den Tanz ganz besonders. Hier fand er die Leichtigkeit, die er sich im Leben verbot. Und so malte er schließlich alles, was mit Tanz zu tun hatte: den Kinderreigen, die Gesellschaftstänze, die religiösen Tänze, den Kerzen- und Feuertanz und schließlich den modernen Ausdruckstanz. Alles findet seinen Platz. Uns lässt er mit den buntesten Farben daran teilhaben!

Im Reigen neigen, im Wind wehen, träumend tanzen

Die Dorfkinder spielen und tanzen auf dem Bild von Nolde. Sind sie glücklich? Wie im Impressionismus sind die Formen aufgelöst. Alles ist auf diesem Bild locker hingetupft. Formen und Farben flimmern in der Sonne und lösen sich fast in diesem Farbenspiel auf. Der Wind scheint an Haaren und Kleidern zu zupfen und treibt ein lustiges Spiel mit den Kindern. Spürst du die Leichtigkeit der Bewegung? Die fliegende Stimmung? Das lachende Gesicht eines Kindes können wir herauslösen, ansonsten verschwimmt uns der Augenblick in Bewegung, Farbe und Glück. Wie geht es dir, wenn du das Bild betrachtest? Spürst du die Fröhlichkeit?

Keine Brücke zur Versöhnung

Dumm nur, dass sich die »Gang« so zerstreiten sollte. Freundschaften halten eben nicht ewig. Kirchner hatte das Zerwürfnis mit einem sehr einseitigen Text in einer der Chroniken über die »Brücke« ausgelöst. Vielleicht schwang da zu viel Eigenliebe mit, zu viel Begeisterung für die eigene Kunst, denn die anderen Mitglieder fühlten sich durch diese Chronik vor den Kopf gestoßen. Die »Brücke-Gang« zerbrach an dem Streit und löste sich im Mai 1913 auf. Die bewusste Vergröberung und die kantigen Formen, die kontrastreiche und intensive Farbgestaltung, die unbändige Ausdruckskraft aber wurden zu Markenzeichen der Künstler, die nun unabhängig voneinander arbeiteten.

Swinging Berlin – mit Charleston und Shimmy auf dem Tanzvulkan

Die Metropole der Zwanziger Jahre

Mehrere Opernhäuser, über 40 Theater und unzählige Varietés, Tanzlokale und Bars gab es in den 1920iger Jahren in Berlin. Die Mega-Metropole mit vier Millionen Einwohnern hatte sich erst vom Krieg, seinen schrecklichen Folgen und einer miserablen wirtschaftlichen Situation erholen müssen, aber nun kam eine neue Lust auf Unterhaltung und Lebensfreude auf. Vielen Musiker, Sänger und Tänzerinnen aus Amerika bevölkerten ab jetzt die Millionenstadt, unter ihnen auch Josephine Baker, die dunkelhäutige amerikanische Revuetänzerin. Sie war vielen Frauen ein Vorbild. Runter mit den Haaren und rauf mit den Rocksäumen hieß es da. Was für ein Spaß und welch eine Befreiung!

Jazz und Co.

Ganz Berlin war im Jazz-Fieber. Swinging Twenties nannte man die 1920er Jahre. Der Jazz war eine Musik, die gegen den Strich gebürstet war, rhythmisch und pulsierend, dicht am Nerv der neuen Großstadt. Viele schwarze Musiker saßen in den Bars oder Varietés würdevoll im Smoking auf der Bühne. Mit Saxophon, Trompete, Schlagzeug, Piano und Geige waren sie die Boten eines neuen, lockereren Lebensstils ganz nach amerikanischem Vorbild. Ganz Berlin saß auf einem Tanzvulkan und alle tanzten mit. Blues, Shimmy, Tango, Foxtrott und Charleston – so hörte man es aus allen Bars tönen. Und wer dort nicht sein konnte, der tanzte eben im heimischen

Wohnzimmer zu den Klängen seines neuen Grammophons und der neuesten Schallplatten, denn die gab es jetzt für jedermann zu kaufen. Also: Knie zusammen und Füße auseinander. Let's dance!

Tanz auf unsicherem Parkett

Seht ihr die Dame im grünen Kleid, dessen flügelähnliche Stoffbahnen in den Raum hineinschwingen? Sie scheint sich beim Charleston fast die Beine zu verrenken und tanzt wie auf schwankendem Parkett in der Mitte des Raums. Ihre Haare leuchten im rot getönten Licht. Ihr Tanzpartner schaut ein wenig abwesend an ihr vorbei. Man muss sich schon wundern, wie er so das Gleichgewicht hält, mit der fülligen Dame im Arm und seinen ebenfalls verdrehten Tanzbeinen. An seinen Füßen glänzen Lackschuhe. Überall funkeln Ketten und Ringe. Aufwendige Kleider mit schillernden Bordüren glitzern mit schweren Brokatstoffen um die Wette. Was für ein Luxus! Die Dame rechts mit dem aparten Schmetterling als Brosche vor dem Bauch spreizt einen riesigen rosa Fächer in der Luft. Sie erinnert an einen Pfau, der stolz sein Gefieder präsentiert. Rechts neben ihr sitzen oder stehen die Besucher an kleinen Tischen, mit Zigarette in der Hand. Ihnen gegenüber befinden sich die Musiker, die sich die Seele aus dem Leib blasen und trommeln, geigen oder singen. Ein überdimensional großes Saxophon ragt aus dem linken Bildrand. Man kann die Musik förmlich aus dem Bild heraushören.

Haben sie Spaß hier?

Ziemlich eitel kommt dieses Treiben daher und wirkt in seiner aufgesetzten Fröhlichkeit nicht ganz echt. Oder warum schauen die Personen auf dem Bild so unbeteiligt, manchmal geradezu abwesend drein? Von einer fröhlichen und ausgelassenen Stimmung keine Spur. Auf dem glänzenden Parkett scheint man fast in die Tiefe abzurutschen, derart verzerrt ist die Perspektive auf diesem Bild gemalt. Irgendetwas stimmt hier nicht. Was hat sich Otto Dix dabei nur gedacht?

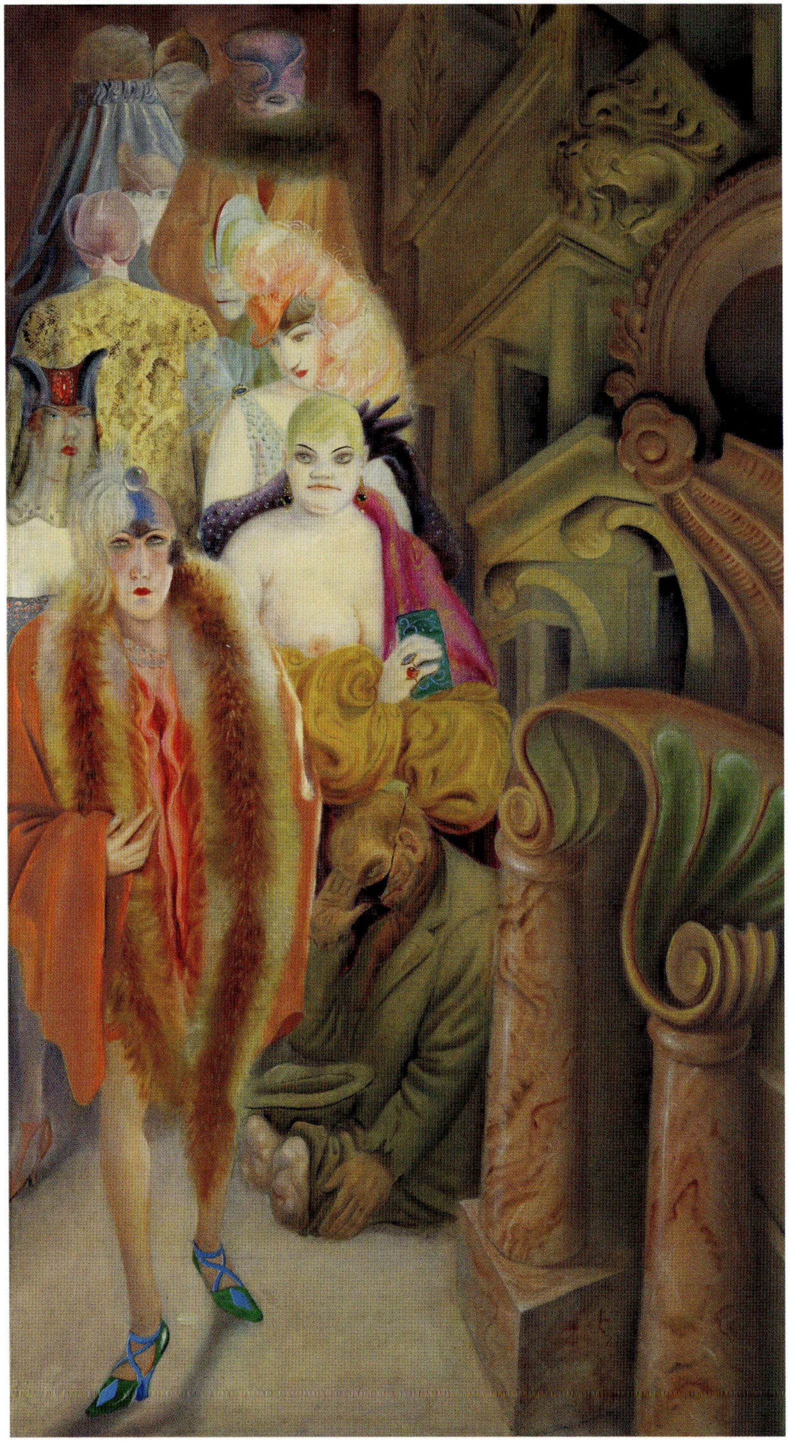

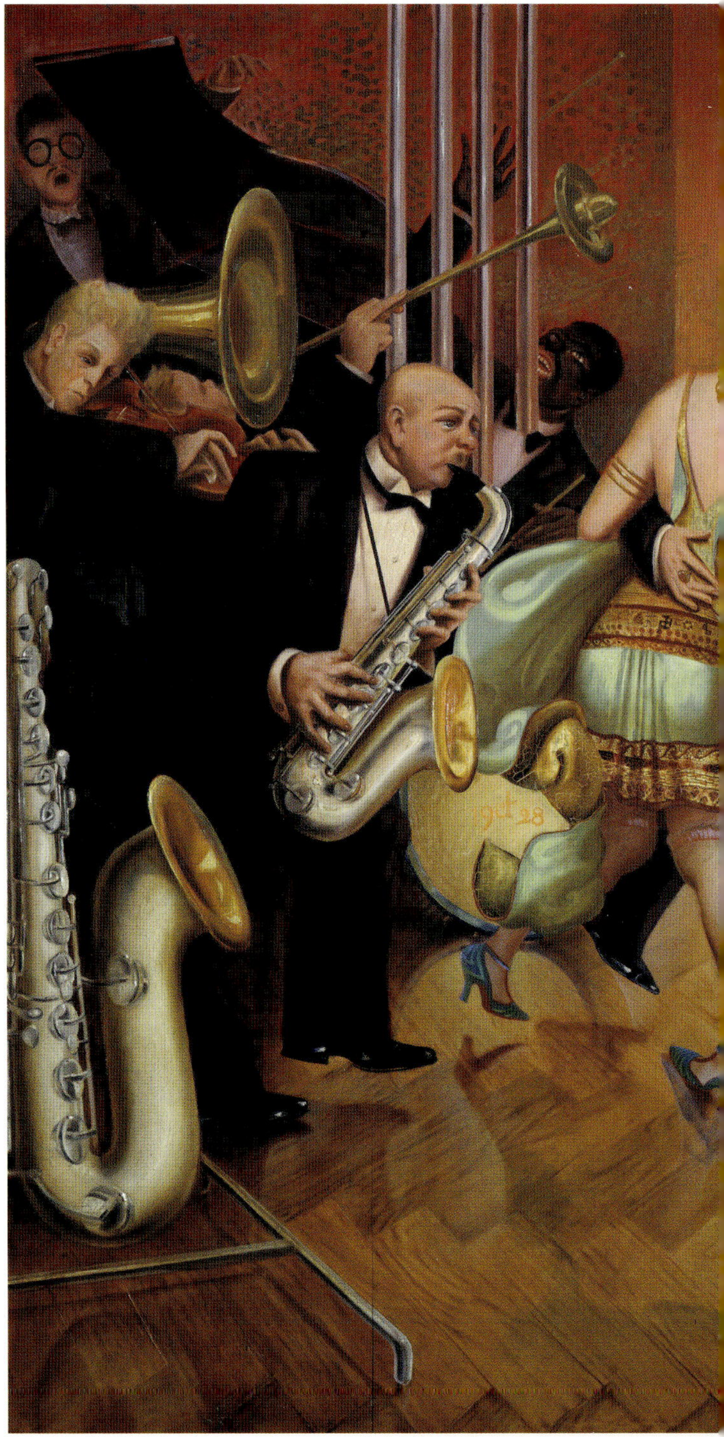

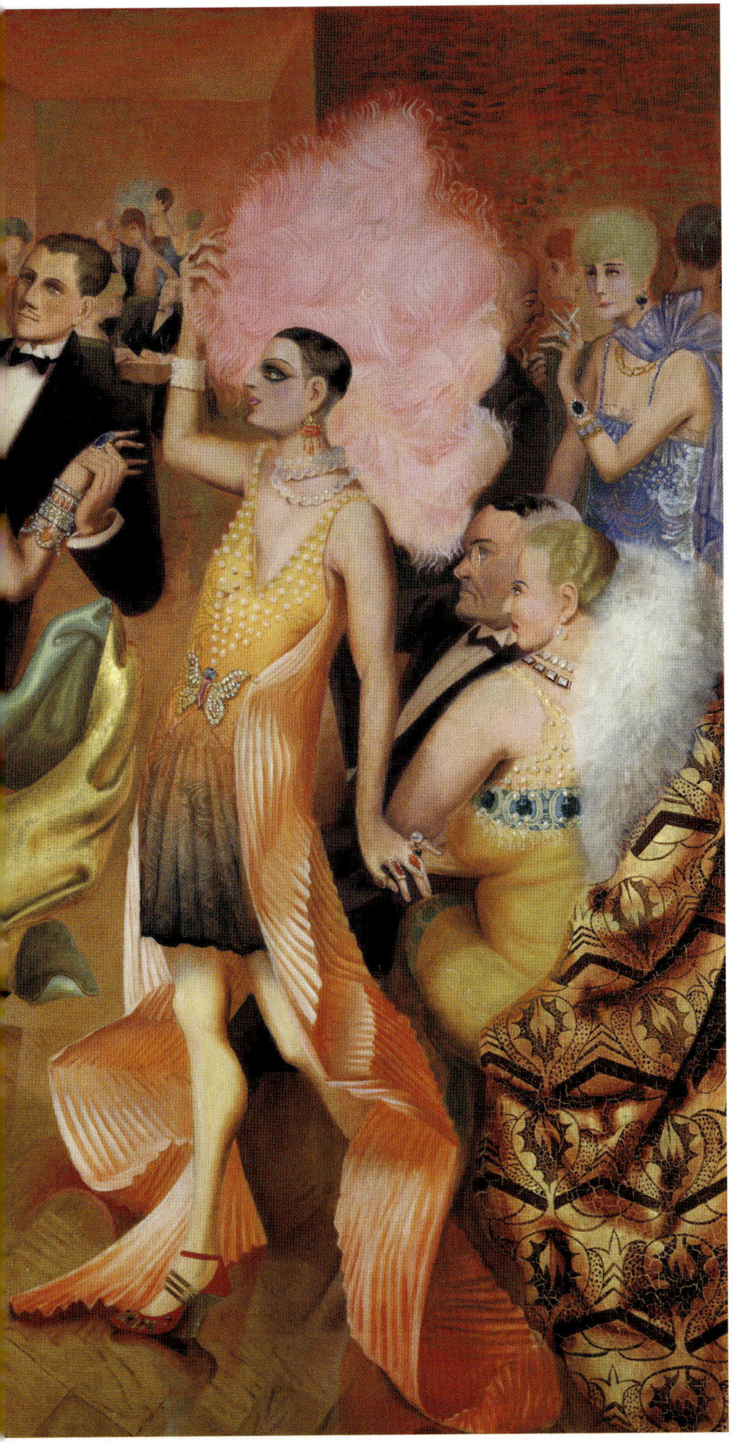
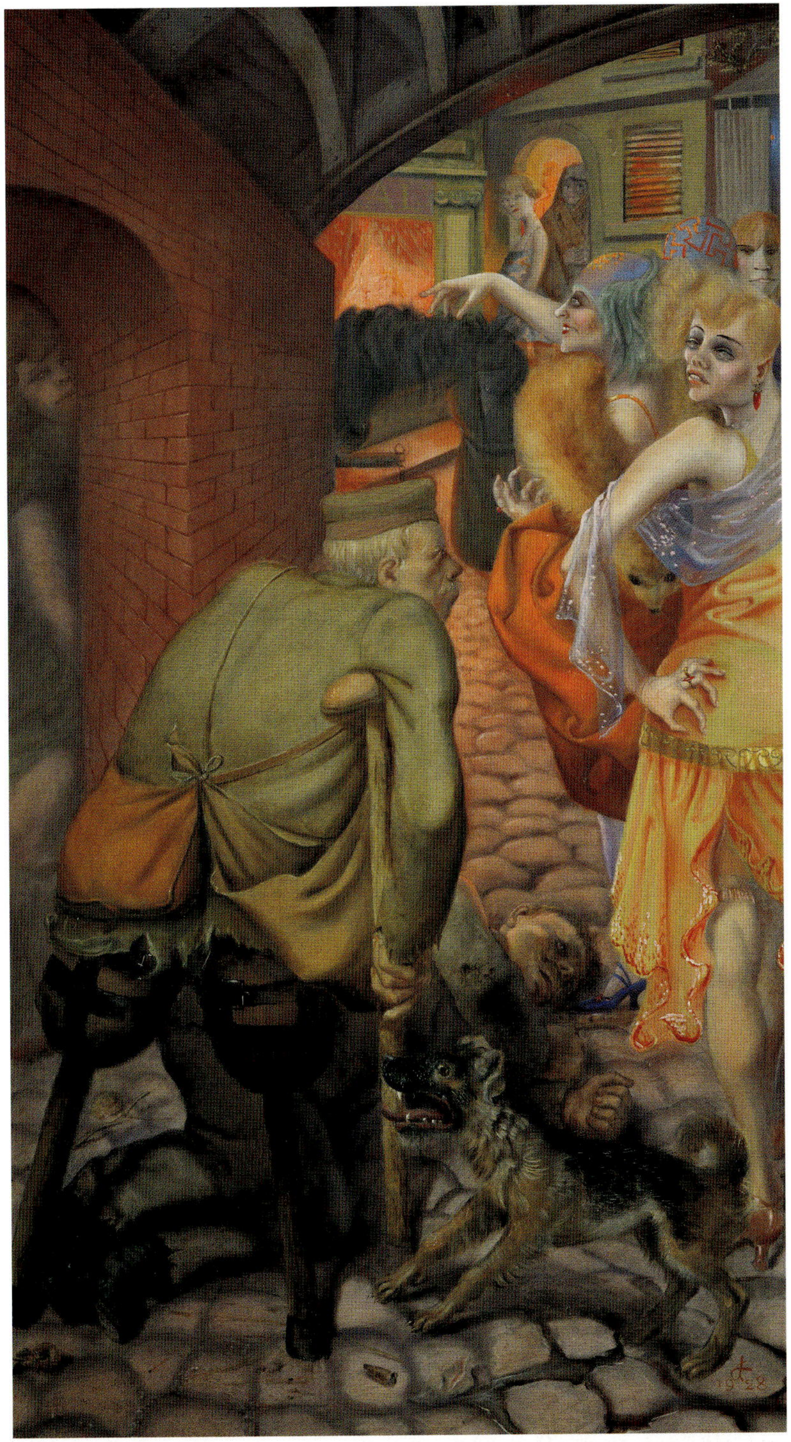

Szene: Berliner Straße

Otto Dix war ein scharfsichtiger Künstler, der hinter die Fassade der Stadt schauen konnte. Dort zeigte sich kein fröhliches und glitzerndes Festgesicht, sondern durch den Krieg schwer gezeichnete Menschen. Da gab es käufliche Frauen, Soldaten ohne Beine, am Boden liegende Männer, die vielleicht betrunken gestürzt waren, und Krüppel mit zusammengeflicktem Gesicht. Der Maler war schonungslos genug, das alles auf den beiden Bildtafeln rechts und links darzustellen, als Gegenbild zu den Tanzenden und Feiernden in der Bar.

Klappe(n) zu – Schluss mit Musik und Tanz

Betrachtet man die Maße der drei Bilder, so könnte man die beiden Seitenteile wie bei einem mittelalterlichen Triptychon über dem Mittelbild zusammenklappen. Das Ganze wäre eine Art weltlicher Flügelaltar. Schon hätte das Tanzen und Feiern auf dem Mittelteil ein Ende. Die Musik würde verklingen, Shimmy und Charleston ade. Die verwundeten Seiten der Stadt würden die feiernde Seite überdecken. Kein schlechter Einfall!

Ein Großstadtbild wie ein Altar

Ein Triptychon ist ein dreiteiliges Bild. Mittelalterliche Flügelaltäre wurden so aufgebaut: Ein Mittelbild, das geschlossen von einer oft geschnitzten Flügeltür verdeckt war. Erst wenn man sie öffnete, kam das Bild zum Vorschein. Nun links und rechts von den Bildern auf den Innenseiten der Türe flankiert. Tatsächlich hatte Otto Dix bei seinem Großstadt-Triptychon die mittelalterliche Malerei im Kopf, auch was die Maltechnik anbelangte. Er arbeitete mit der altmeisterlichen Lasurtechnik auf Holz. Und wie in der spätgotischen Malerei bekamen die Stoffe und Materialien in der malerischen Darstellung eine ganz besondere Bedeutung. Mit dem Atmosphärischen des Impressionismus hatte dieser Maler gar nichts im Sinn. Eine detaillierte und sachliche Darstellung war sein Ziel, weshalb er sich auch gerne selber als der Erfinder der »Neuen Sachlichkeit« sah.

Neue Sachlichkeit

Die »Neue Sachlichkeit« drängte auf Genauigkeit und einen festen Bildaufbau. An der Mannheimer Ausstellung von 1925, die eben genau jenen Namen trug, war Otto Dix bereits mit vier Arbeiten beteiligt. Im selben Jahr war er in die Großstadt gezogen, doch war ihm Berlin bald zu hektisch. Darum ging er nur zwei Jahre später gerne als Professor an die Akademie nach Dresden.

Der Tanz auf dem Vulkan

In den Koffern aus Berlin befanden sich die Idee und die Zeichnungen seines aufwendigen Großstadtbildes. Während der ersten zwei Jahre seiner Zeit an der Dresdener Akademie malte er unermüdlich an seinem Triptychon. Er wollte sein unbestimmtes Gefühl, dass die ausgelassen feiernden Großstadtbürger auf einem brodelnden Vulkan tanzte, unbedingt sichtbar machen.

Und tatsächlich brach der Vulkan bald aus. Mit der Machtergreifung der Nationalsozialisten stand der nächste Krieg bevor. Adolf Hitler unterdrückte jeden und alles, was nicht seiner Ideologie entsprach. Die sozialkritische Malerei von Otto Dix war nicht gerne gesehen, darum gehörte er 1933 auch zu den ersten Künstlern, die ihr Amt als Professor abgeben mussten. Von nun an galten die Arbeiten des Malers als »entartet«. Otto Dix wurde mit einem Ausstellungsverbot belegt.

Wenn Arme und Beine sprechen – Der moderne Ausdruckstanz und die Maler

Ich bin eine Hexe – Mary Wigman tanzt den Hexentanz

Wie fühlt man sich als Hexe? Wie tanzt wohl eine Hexe? Springt sie hoch, dreht und schüttelt sich? Oder windet sie sich auf dem Boden, wie es ihr gerade der Teufel ins Ohr flüstert? Die Tänzerin Mary Wigman war eine Hexe, gierig und erdverbunden. Sie tanzte alles mit größter Intensität und Kraft, ohne darauf zu achten, ob es nun schön aussah oder nicht. Elegante, klassische Bewegungen, das war nicht ihr Ding. Sie fühlte, was sie tanzte. Furcherregend war sie mitunter mit dieser ungebändigten Kraft, aber auch sehr schön in ihren raumgreifenden Bewegungen. Sie waren so expressiv wie die Farben, mit denen die Expressionisten ihre Bilder malten. Diese Wesensverwandtschaft haben Maler und Tänzerin sofort gespürt und sie haben viel voneinander gelernt.

Aus Maria wird Mary

Eigentlich hieß Mary Wigman ja Maria. Maria Wiegmann aus der Schmiedestraße 33 in Hannover. Sie wurde 1886 dort geboren. Im elterlichen Treppenhaus schaukelte sie als Kind leidenschaftlich gerne und so heftig, dass sie meinte, zwischen Himmel und Erde zu schweben. Sie tobte und tollte durch das Haus, als ob ihr der Teufel im Leib stecken würde. In einer versteckten Ecke ihres Herzens aber muss sich irgendwann die Tanzleidenschaft eingenistet haben. Statt Schaukeln hieß es nun Tanzen zwischen Himmel und Erde. Das war es wohl, was sie immer gewollt hatte. Doch braucht es manchmal recht lange, bis man seine Sehnsucht erkennt.

Erst im Alter von immerhin zwanzig Jahren traute sie sich nach einer Vorstellung im Opernhaus endlich, die gefeierten Tänzerinnen zu fragen, wie auch sie eine Tänzerin werden könnte. Die schauten sie nur spöttisch an. »Du bist zu alt«, meinten die Damen kühl. Doch hätte sie klein beigegeben, wäre aus Maria nicht die gefeierte Mary geworden.

Mary und die Maler
Also machte sie sich auf nach Hellerau bei Dresden, um rhythmische Gymnastik zu studieren. Dort traf sie den damals schon bekannten und respektierten Künstler Emil Nolde, den expressionistischen Maler mit Tänzerherz. Es wurde eine folgenschwere Begegnung und der Beginn einer engen Freundschaft zwischen Nolde und Mary Wigman, aber auch zwischen anderen Malern und Tänzern der neuen Generation des Modernen Ausdruckstanzes. Nolde sah mit seinem Kunstverstand und hinreichender Lebenserfahrung sofort, dass Mary für das Tanzen bestimmt war. Er empfahl sie dem Tanzpädagogen Rudolf von Laban, der zu dieser Zeit in München eine Schule für Bewe-

gungskunst leitete. »Jeder Mensch ist ein Tänzer«, war seine Lebens- und Kunststrategie. Jeder sollte lernen, sich im Tanz auszudrücken und sozusagen mit Armen und Beinen sprechen zu lernen.

Malen, wie man atmet – tanzen, wie man fühlt
Eine ähnliche Aufgabe sah Nolde auch für sich in der Malerei: »Der Maler braucht nicht viel zu wissen, schön ist es, wenn er so zielsicher malen kann, wie er atmet, wie er geht«, meinte er und traf damit für die Tänzer dieser Zeit den Nagel auf den Kopf. Auch das Tanzen sollte so selbstverständlich sein wie das Atmen und Fühlen. Erlebtes zu malen oder zu tanzen, das war für Maler und Tänzerin gleichermaßen das Ziel. »Sich selber suchen, sich selber fühlen, sich selbst erleben.« Mary Wigman und Emil Nolde waren auf dem Weg dorthin.

Kirchner und der Ausdruckstanz

Inspiriert von Mary Wigmans Bewegungssprache suchten viele Maler den Kontakt zu ihr. Unter ihnen war auch Noldes Kollege Ernst Ludwig Kirchner, der sich schon in frühen Jahren in den Cafés und Bars in Dresden und Berlin dem Tanz und Vergnügen gewidmet hatte. Jetzt aber schaute er mit großem Staunen, was sich da im Modernen Ausdruckstanz tat. Das hatte etwas sehr Ernsthaftes und Neues, wie er es bis dahin beim Tanz noch nicht gesehen hatte.

»Dieser Tanz hängt sehr mit der Moderne zusammen«

Ja wirklich, der Ausdruckstanz verkörperte das neue und moderne Lebensgefühl. Frei von den Zwängen der Traditionen, frei von Schnürkorsett und Stehkragen. Als Kirchner Mary Wigman 1926 bei einer Aufführung in Dresden das erste Mal sah, war er begeistert von ihrer tänzerischen Ausdruckskraft und fasziniert von ihrer starken Persönlichkeit. Mittlerweile betrieb die Tänzerin dort eine eigene Schule. Von nun an arbeitete der Maler kontinuierlich an seinen Tanzdarstellungen und Dresden Skizzen. Der hektische Großstadtmensch mit ebensolchem Stil wurde gelassen. Große Farbflächen setzte er neben- und übereinander. Mit schwungvollen Linien umschrieb er den tanzenden Körper. Stück für Stück arbeitete er so die Bewegung heraus.

Kirchner, Tanzender Frauenakt, 1923/30

Kopf oder Zahl? Intellekt oder Gefühl?

Wassily Kandinsky war ein weiterer Künstler, der sich viel mit Bühnenkompositionen aus Farbe, Ton und Bewegung ausgedacht hatte. Sein Ideal war ein Zusammenwirken aller Künste. Leider konnte er das auf der Bühne zeitlebens nicht verwirklichen. Denn er war ein Perfektionist, mit hohem intellektuellem Anspruch. Auch er war Feuer und Flamme für die Möglichkeiten des Ausdruckstanzes. Die extremen Bewegungen der Tänzer waren für ihn abstrakte menschliche Zeichen. Kandinskys größtes künstlerisches Anliegen war es, etwas zu malen, ohne es zu zeigen. Genau das konnte er mit seinen abstrakten Tanzfiguren. Die menschlichen Bewegungsdiagramme wurden sein Mittel, den Tanz nicht mehr nur als Darstellung von Bewegung zu malen. Bei ihm wurde der Tanz zum abstrakten System.

Punkt, Punkt, Komma, Strich. Was hat der Tanz für ein Gesicht?

Zeichne eine Linie auf das Papier, so gespannt wie ein Flitzebogen. Auf diese Weise könnte vielleicht ein Sprung angedeutet werden. Wie würde man die Bewegungen von Armen, Beinen und Füßen vereinfacht zeichnen? Auf welche Weise integriert man Kopf und Hände? Wenn man sich ein grafisches Schema einfallen lässt, kann man alle möglichen Schritt- und Sprungkombinationen aufzeigen und zeichnen. Versucht es einmal selbst. Mit Kandinsky seid ihr in bester Gesellschaft. Er hat diese Aufgabe, Schwung und Dynamik des Tanzes in ein verbindliches Schema zu übertragen, ganz gut gelöst und seine Ideen auch veröffentlicht. Sie erschienen zuerst in einem Kunstblatt und später, 1926, in seiner berühmten Programmschrift »Punkt und Linie zur Fläche«.

Eine Grafik des Tanzes

Clever gelöst: Jede einzelne kleine Bewegung wird von Kandinsky in ein Schema übertragen. Die Geraden sollen die Bewegungskoordinaten darstellen, die Kurven die Grundformen des menschlichen Körpers. Alles klar? Vergleicht man Fotos und entsprechende Diagramme, versteht man das System eigentlich recht schnell.

W. KANDINSKY: Tanzkurven
Zu den Tänzen der Palucca

Die vollkommene Meisterschaft ist ohne Exaktheit unmöglich. Die Exaktheit ist das Resultat langer Arbeit. Die Anlage zur Exaktheit ist aber angeboren und eine überaus wichtige Bedingung der großen Begabung.

Paluccas Tanz ist vielseitig und kann von verschiedenen Standpunkten beleuchtet werden. Was ich aber hier unterstreichen möchte, ist der selten genaue Aufbau nicht bloß des Tanzes in der zeitlichen Entwicklung, sondern in erster Linie der exakte Aufbau einzelner Momente, die durch Momentaufnahmen fixiert werden.

Einige Beispiele bringen zwei wichtige Charakterzüge dieses Aufbaues:

1. die Einfachheit der ganzen Form und
2. das Aufbauen auf der großen Form.

Es mag für den Laien einfach klingen — der Künstler weiß aber diese Eigenschaften zu schätzen: die einfache und große Form wird nur wenigen gegeben.

PALUCCA

Eine große nach oben strebende Gerade auf eine einfache Gebogene gestützt. Anfang — unten Fuß, Schluß — oben Hand laufen in einer Richtung.

117

Auf der Bühne: Licht aus! Scheinwerfer an!

Vom Maler zum Tänzer

»Wer bin ich? Tänzer oder Maler? Kann ich als Maler tanzen und als Tänzer malen? Meine eigenen Stücke auf der Bühne aufführen? Wenn ich das nur wüsste! Abends stehe ich auf der Bühne, und morgens male ich. Dann denke ich schon wieder ans Theater und den Tanz. Sucht man nicht immer gerade das, was man nicht hat? Gute Freunde sagen mir, ich soll doch beides tun. Kann man für mehrere Kunstformen die Begabung haben?« So grübelte Oskar Schlemmer zeitlebens, was er nun den Vorzug geben sollte: der Malerei oder der Bühne. Zwei Herzen schlugen in seiner Brust und dieser Zwiespalt blieb ein Leben lang. Aber vielleicht erwachsen gerade daraus die tollsten Ideen und interessantesten Ergebnisse?

So einfach wird man Choreograf

Unseren Maler muss ziemlich früh das Bühnenfieber erfasst haben. Vielleicht lag das daran, dass Oskars Vater, eigentlich Kaufmann von Beruf, Komödienautor und leidenschaftlicher Schauspieler in einer Amateurtruppe war. Dass er das Tänzerpaar Albert Burger und Elsa Hötzel in Stuttgart kennenlernte, war aber sicher ein Grund dafür. Sie hatten gemeinsam die Idee, etwas auf die Bühne zu bringen. Sie wollten Tanz und Musik weit weg vom klassischen Ballett und Modernen Ausdruckstanz zeigen. Sie wollten etwas schaffen, das Form und Geometrie erkennen ließ, das schlicht und abstrakt war. Ein Gesamtkunstwerk aus Tanz, Kunst und Musik.

Im Herbst 1919, als Oskar Schlemmer die Proben für ein Ballett fortsetzte, das er bereits während des Ersten Weltkrieges aufgeführt hatte, spürte er, dass er für die Bühne geschaffen war. Drei Jahre zuvor hatte er als Soldat sogar Sonderurlaub für die Einstudierung bekommen. Jetzt merkte er wieder, dass die Tänzer ihn brauchten. Mühelos setzte er die Musik in Schritte und die Schritte in eine Tanzfolge um. Es entstand eine Choreografie, die ziemlich ungewöhnlich war. »Unglaublich!«, schreibt er damals einem Freund. »Das klappt alles so selbstverständlich, als wenn ich den Tanz und das ›Entwerfen‹ eines Tanzstückes mein Leben lang gemacht hätte.«

Die magische Drei

Ungewöhnlich? Das ist für dieses Bühnenereignis ziemlich untertrieben. Nein, dieses Ballett, das sich unser Maler ausgedacht hatte, war viel mehr: verrückt und heiter, getragen und würdevoll, komisch und skurril. »Triadisches Ballett« nannte Schlemmer sein Stück und orientierte sich in allem an der magischen Zahl drei, am offensichtlichsten aber in der Dreiheit Kostüm, Bewegung, Musik. Wenn man sich in der Welt und Wissenschaft umschaut, findet man die »Trias« überall: Im Raum mit seiner Höhe, Tiefe und Breite. In den geometrischen Grundformen Quadrat, Kreis und Dreieck, oder in Kugel, Kegel und Kubus. Ebenso findet man sie auch in den Grundfarben Rot, Blau und Gelb. Die Zahl drei ist für manche Völker eine heilige Zahl, und viele nennen sie ihre Glückszahl. Die Drei trägt ein Geheimnis in sich.

Schlemmer, Die Geste, 1922

Ich – Du – Wir

Durch welche gemeinsame Zahl kannst du 3, 12 und 18 dividieren? Durch eben die Drei. Drei Tänzer tanzten in den Vorstellungen 12 Tänze in 18 Kostümen. Schlemmer war einer der drei Tänzer. Wen wundert's? Zusammen mit Albert Burger und Erna Hötzel erschien er unter dem Pseudonym Walter Schoppe auf der Bühne. Die Tänzer bildeten einen Dreiklang ganz eigener Art, denn die Drei stellte für Schlemmer auch einen Weg dar, der von der einzelnen Person zum Gegenüber und darüber zur kleinstmöglichen Gruppe führte, die eben aus den drei Personen oder Tänzern bestand. Vom Ich zum Du zum Wir. Das konnte und kann man an der Choreografie und dem Choreografieplan ganz gut nachvollziehen.

Bühne frei für Watte, Plastik und Co.

Es gab drei Tanzreihen mit je eigenen Kostümen und einer Hauptfarbe. Dadurch erhielt jede eine besondere Stimmung. Die erste Reihe leuchtete in heiterem Gelb, die zweite in festlichem Rosa und die dritte in mystischem und fantastischem Schwarz. Doch was war nur mit den Kostümen los? Gestalten wie aus der Fantasie entsprungen tanzten oder tapsten dort ihre eigene Choreografie. Bühne frei für Wattewülste, Plastikreifen oder Metallkugelköpfe. Konnte man sich in diesen geometrischen Formen und starren Kostümen überhaupt bewegen?

58

Gelbe Reihe, die Erste

Der Kragen ist eine starre Scheibe. An ihr baumeln Stoffwülste herab, die durch kleine Kugeln am Ende beschwert werden. Die dick wattierte Hose mit schwarzen Samtringen reicht bis zum Brustkorb. Zur »Krönung« gibt es eine kugelförmige Kopfmaske, die aussieht wie ein Taucherhelm. Deshalb nannte man die Figur auch den Taucher. Die Arme kann man darin kaum bewegen und in der dicken Hose sind wenig grazile, nur tapsende Schritte möglich. Diese recht eigenartige Kostümierung war in der gelben Reihe neben dem Reifenrock und anderen merkwürdigen Gestalten zu finden. Es sind seltsame Mischformen aus Kostüm und Mensch, Marionettenwesen mit ihren ganz eigenen, fremden Bewegungen.

Schwarze Reihe, die Dritte

Fantastisch dann die schwarze Reihe. Der Maler-Tänzer Schlemmer experimentierte mit allem, was man sich nur vorstellen kann: mit Spiralen und Scheiben, in denen die Tänzer nahezu eingeklemmt wurden, mit Kugelleibern, die aus Kugelformen bestehen und sich wie Fluggeschosse in leichter Schräglage nach vorn bewegen. Er setzte Drahtringe ein, die an Hüfte und Kopf befestigt wurden und in der schnellen Drehung wie ein einziger, geschlossener Reif aussahen. Außerdem arbeitete er mit Masken, welche die Tänzer in eine andere Welt stellten. Mit einer Maske vor dem Gesicht fühlt man sich fremd in der eigenen Haut, aber auch befreit, ein anderer zu sein.

Der Tänzer mit nur einem Bein

Die kühnste Konstruktion aber war der »Abstrakte«. Schlemmer selbst tanzte diesen Part. Ein Tänzer mit nur einem Bein? Das rechte Bein erscheint riesig, wie aufgeblasen. Was ist dafür mit dem linken? Das hat Schlemmer mit einem Trick einfach wegretuschiert. Eine schwarze Hose vor schwarzem Hintergrund lässt das Bein auf der Bühne optisch verschwinden. Das riesige Bein schwingt, schreitet vorwärts und macht weit ausholende Sprünge. Beim bloßen Zuschauen beschleicht einen das Gefühl, aus dem Gleichgewicht zu geraten. Mit – scheinbar – einem Bein tanzt es sich nun mal nicht so leicht. Merkwürdig schauen auch die Arme aus. Der rechte besteht aus einer Glocke, aus der eine Kugel mit Spitze herausragt. Damit kann man bohren oder stechen. Aus dem linken Armstück ragt eine Keule. Die Brust besteht aus einem Brustschild. Der Kopf ist zweigeteilt, rund und eiförmig, mit ausgespartem Auge und einem Bügel, der beide Kopfhälften miteinander verbindet. Eine ganz und gar skurrile Erscheinung, die mit Pauke und Schlagzeug daherkommt.

Taucher zieht vor Goldkugel

Die Figuren schreiten und tapsen, springen und rollen eine imaginäre Geometrie auf der Tanzfläche. Sie folgen gedachten Linien, auf denen sich der Tänzer bewegt. Stellt euch ein Schachbrett vor. Statt der Schachfiguren hüpfen und springen die Figuren des »Triadischen Balletts« nach den geometrischen Vorgaben und Regeln unseres Tänzer-Malers Schlemmer. Mit jeder neuen Vorstellung beginnt ein neues Spiel, wie bei einem Schachturnier.

Tänzer und Kostüm: Wer wird gewinnen?

Stellt euch einmal diese skurrilen Figuren auf der Bühne vor, wie sie unsere Welt auf den Kopf stellen und die natürlichen Gesetzmäßigkeiten – alltägliches Springen, Laufen, Gehen, Tanzen – mit ihren Kostümen und Bewegungen aufheben. Meint ihr, dass man sich in diesen Kostümen normal bewegen kann? Nein, ganz und gar nicht. Sie geben die Bewegungen vor und schränken den Körper deutlich ein. Manchmal sieht man den Tänzer geradezu mit den Kostümen kämpfen. Wenn er es schafft, dieses Kostüm-Gefäß mit Leben zu füllen, hat der Tänzer gewonnen. Meist aber geht das Kostüm siegreich aus dem Kampf hervor. Klar: Hier muss sich der Tänzer dem Kostüm und der Idee unterordnen. Schach matt.

Vom Tänzer zum Konstrukteur

Da wird aus dem Tänzer Schlemmer ganz schnell wieder der scharfsichtige Konstrukteur und Maler. Ach, zwei Herzen schlagen halt in seiner Brust. Er denkt in Strukturen und geometrischen Formen. Mit seinen raumplastischen Kostümen will er lebendige Skulpturen auf die Bühne setzen, die wie Marionetten von einem »unsichtbaren Schaltbrett« aus bewegt werden sollen. Ziel war es, ein menschliches und »mechanisches Präzisionswerk« zu schaffen, eine wandelnde Architektur, die von der Hand des Künstlers gesteuert wird. Mit seinen Mitteln und auf seine Weise wollte Schlemmer damit Malerei und Plastik aus ihrer Unbeweglichkeit herausholen.

Das Bauhaus – die Künste unter einem Dach

Wenn man es recht betrachtet, war Schlemmer Architekt des Raumes und des Körpers. Nicht umsonst wurde er 1921 an das Bauhaus in Weimar berufen. Das Bauhaus war 1919 aus der Zusammenlegung der Kunstakademie und der Kunstgewerbeschule als eine Art Beratungsstelle für Industrie, Gewerbe und Handwerk entstanden. Die Keimzelle damals war die Architekturabteilung mit dem Architekten Walter Gropius als Frontmann. Aber auch die anderen Künste wie Malerei, Bildhauerei und Bühne waren vertreten. Wichtige Künstler wie Wassily Kandinsky, Paul Klee oder Moholy Nagy haben am Bauhaus unterrichtet.

Bauhäusler feiern gerne

Natürlich verlief die Zusammenarbeit mit den Studenten nicht immer ohne Reibereien. Aber es wurde auch gefeiert, wie die Feste fielen. Beim Bauhaus-Fasching 1922 zum Beispiel wurde Schlemmers »Figurales Kabinett« aufgeführt. Bunte und metallische Halb-, Ganz- und Viertelfiguren, die sich ganz nach Schlemmers Vorstellung mit und ohne Geräusch in Reihen hintereinander bewegten. Sein Bruder Carl, Casca genannt, hatte ihm bei der Herstellung nicht nur dieser Figuren tatkräftig geholfen. Am »Figuralen Kabinett« und »Triadischen Ballett«, das er immer wieder aufführte, arbeitete Schlemmer sein Leben lang.

Was ist eine Choreografie?

Kann man Bewegung aufschreiben?

Wie bei einem Spiel folgen auch der Tanz und die Aufführung eines Tanzstücks bestimmten Regeln. Spielleiter ist beim Tanz der Choreograf, der diese
Regeln in Form einer Tanz-Choreografie festlegt. Die einzelnen Tanzschritte
und größeren Kombinationen, der Raum, in dem die Tänzer sich bewegen,
die Dynamik, mit der die Bewegung ausgeführt werden soll – all das muss
wie in einem Theaterstück niedergeschrieben werden. Der Choreograf ist
damit also eine Art Autor für das Tanzstück. Natürlich brauchte man dafür
auch eine eigene Tanzschrift. Für den klassischen Tanz gab es so etwas bereits.
Der moderne Tanz aber stellte ganz neue Herausforderungen an Choreograf
und Tänzer. Welche Spielregeln mussten hier wohl beachtet werden?

Noten für den Tanz

Neue Tanzregeln festzulegen ist kein leichtes Unterfangen! Was braucht man
dazu? Klar, den Körper und natürlich den Raum, in welchem die Bewegung
stattfindet, und ebenso die Zeit und Dauer des Tanzstücks. Dynamik und
Rhythmus sind die beiden anderen wichtigen Aspekte. Da gibt es viel zu
bedenken.

Rudolf von Laban, der Anfang des 20. Jahrhunderts an seiner Bewegungs-
lehre arbeitete, musste ganz schön tüfteln. Von Beruf war er eigentlich
Zeichner und Bühnenausstatter, er hatte jedoch frühzeitig den Tanz als Experimentierfeld entdeckt. Zusammen mit der Tänzerin Mary Wigman begann

er, ein System mit verbindlichen Spielregeln für den modernen Tanz aufzubauen. »Laban-Notation« nannte man dieses System. Da steckt das Wort Notation drin, das wir aus der Niederschrift von Musik kennen. Wie machte man das in der Musik und wie könnte das im Tanz aussehen?

Richtung wechseln!

Laban studierte die Bewegungsrichtungen sehr genau und kam zu folgendem Schluss: Es musste eine Mittellinie geben, um die herum er sein System aufbauen konnte. Der Körper gab die Vertikale mit Vorder- und Rückseite vor. Die Bewegungen von hoch zu tief und umgekehrt, von vorne nach hinten sowie zur Seite baute er in sein System mit ein. Nicht besonders einfallsreich, meint ihr? Wartet ab. Laban kam nämlich auf eine ziemlich geniale Idee. Er entwickelte aus diesem Prinzip zwölf Bewegungsrichtungen, die er in einer geometrischen Form veranschaulichte.

Zwölf Ecken einer Form

Das Ikosaeder ist eine solche geometrische Form. Laban hatte sie in menschlichem Maßstab nachbauen lassen. Er wollte in diesem wirklich unübersehbaren, maßstabsgetreuen Menschen-Modell den Bewegungsraum deutlich machen, so wie er ihn sich vorstellte. Gleichzeitig diente die Form als Übungsmodell für die Tänzer, die darin die einzelnen Richtungen tänzerisch ausprobieren konnten. Keine schlechte Idee, Laban hatte zwei Fliegen mit einer Klappe geschlagen. In kleinerem Maßstab, versteht sich.

»Tanzen schreiben«

Das Modell nutzte Laban dann für seine Kinetographie. Darin steckt das griechische Wort »kinetikós«, die Bewegung betreffend. Das Problem war, eine geometrische Form aus der Dimension des Raums in die Dimension der Schrift zu übertragen. Laban musste, ähnlich wie bei der Musik, den Zeitfaktor mit einbeziehen. Genau das tat er in seiner Tanzschrift, die, von unten nach oben gelesen, die Bewegung in ein verbindliches System stellt. Entlang einer vertikalen Achse ordnete Laban alle möglichen Aspekte des Tanzes in Symbolen an. Die Farbgebung – schwarz, weiß oder gestreift – und die Länge der Zeichen geben Aufschluss über die Intensität und Dauer der Bewegungen.

Das Mikadostäbe-Spiel

Eigenartig. Manche Maler dieser Zeit scheinen ähnliches gedacht zu haben. So zum Beispiel der Niederländer Theo van Doesburg. Er arbeitete als Kulturjournalist und wirkte auch an Architekturprojekten mit. Als er 1915 den Maler Piet Mondrian kennenlernte, gründeten beide die berühmte Zeitschrift »De Stijl«. Das heißt aus dem Niederländischen übersetzt »Der Stil«. Ihnen ging es darum, die formalen Mittel auf ihre Grundelemente zu reduzieren und daraus eine vollkommene Harmonie herzustellen. »Zerstören wir die

Proportionen der Natur« war Theos Devise. Beim Bild »Rhythmus eines russischen Tänzers« machte er das ganz radikal. Er reduzierte die Bewegung auf ganz wenige Elemente, so als hätte er aus Mikadostäben in unterschiedlichen Längen und Farben eine Bewegung als Bild gelegt.

Ein Maler gibt den Rhythmus vor

Wie benutzt Theo van Doesburg denn die horizontalen und vertikalen Farbstäbe? Die Komposition macht einen ziemlich ausgewogenen Eindruck. Wenn man das Ganze als ein Stück »Körperarchitektur« betrachtet, so gibt es, wie bei einem Haus, tragende und bewegliche Elemente. Welches sind die tragenden, welches die beweglichen?

Eine Lösung zu finden, ist gar nicht so schwer, wenn man an den Tanzkollegen Laban und sein System denkt. Erinnert ihr euch? Der hatte doch auch eine Mittellinie aufgestellt. Ähnlich geht auch Theo vor. Die schwarzen Mikadostäbe sind die tragenden Teile. Sie ergeben zusammen mit den blauen Stäben die Grundstruktur und treffen sich in der Mitte. Erstaunlich! In der Zeichnung sieht man ja sogar noch ein angewinkeltes Bein des russischen Tänzers! Die roten und gelben Stäbe halten die Komposition mit den vielen rechteckigen Formen, die daraus entstehen, schön in Balance. Dynamik wird zur strengen Komposition.

Rot – Blau – Gelb.
Das Farbenpuzzle mit den Schritten

Wie einen Teppich aus roten, blauen, gelben, weißen und
schwarzen Feldern muss man sich die späten Bilder von
Doesburgs Kollegen Mondrian vorstellen. Der Maler
mit dem kühlen Blick auf Quadrat und Rechteck
bettete seine Farbfelder in ein Geflecht aus vertikalen und horizontalen Linien ein. Mit wenigen Mitteln erzeugt der Maler einen eigenen Rhythmus. Mondrian ging 1940, wie
viele seiner Kollegen, nach New York
und experimentierte dort mit
schmalen Papierstreifen. Die Bilder nannte er dann schlicht
»New York I, II, III« oder »Broadway
Boogie Woogie«. Das war ein rhythmi-
scher amerikanischer Tanz, der seinen
Erfolgszug sogar bis in die Tanzhäuser und
Bars Europas fortgesetzt hatte. Wer hätte
gedacht, dass dieser Maler, dessen Kunst so streng
war, im Leben ein begeisterter und ausgelassener Tänzer war?

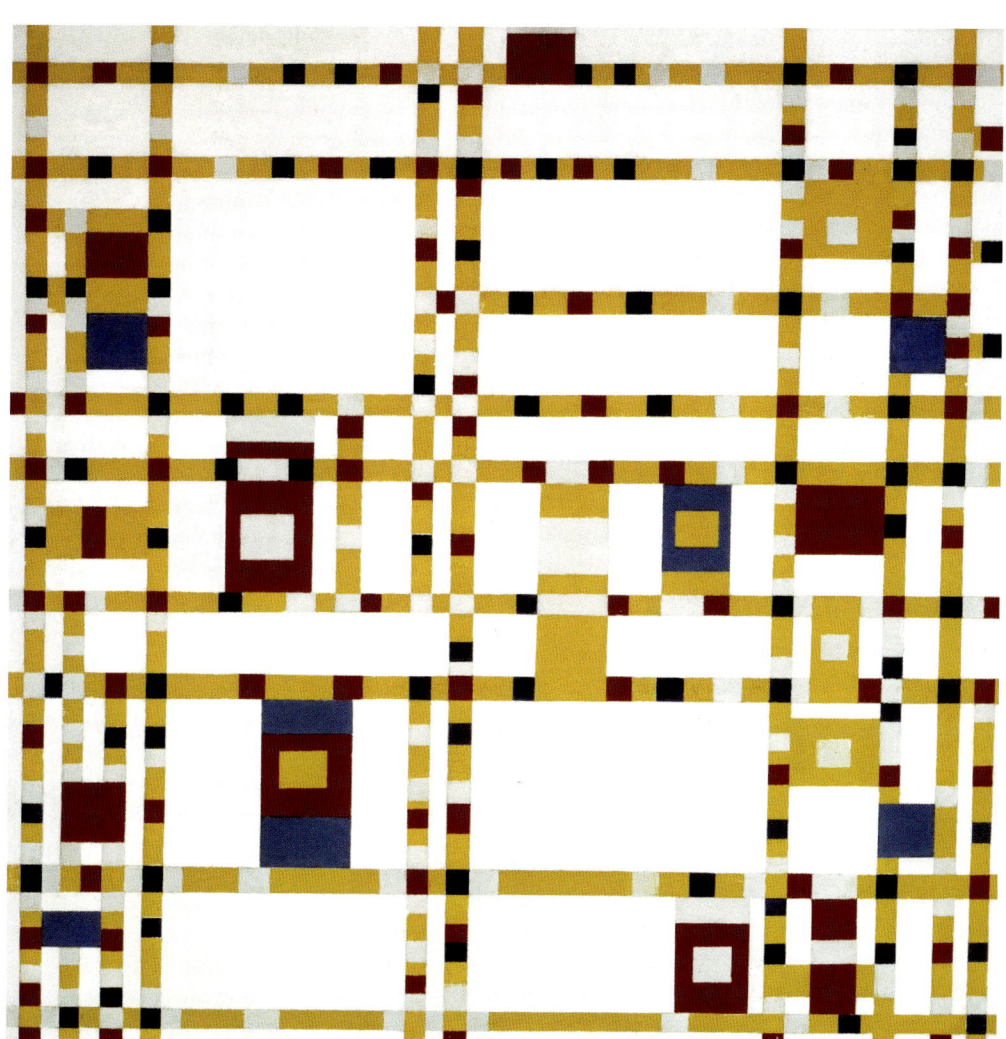

Aus der Experimentierküche der amerikanischen Malerei

Die alte Scheune am Meer

Wir stehen in einer Scheune. Die Scheune gehört zu einem kleinen Haus auf Long Island. Long Island ist eine lange, schmale Halbinsel, die sich etwa 200 Kilometer lang vor der Stadt New York in den Atlantik schlängelt. Aus dem oberen Stockwerk des Hauses in dem kleinen Ort East Hampton blickt man auf die weite Landschaft. Dort kann man das Meer schon riechen. Die Scheune war damals das Atelier eines Malers. Eines berühmten Künstlers. »Ist er der größte lebende Maler in den Vereinigen Staaten?« fragte die amerikanische Zeitschrift »Life« damals in einem Artikel. Abgedruckt hatten sie dazu das beschwingte »Summertime-Bild«. Wenn man nur gut genug hinschaut, tanzen darauf Figuren einen ausgelassenen Tanz in überschwänglicher Sommerlaune. Wie eine kleine Choreografie kann man dieses etwa sechs Meter lange, schmale Bild lesen. Davor posierte Pollock lässig in seinem Arbeitsanzug.

Stellen wir uns das Atelier des Malers vor und wandern darin umher. Betrachten wir unsere Füße, die den Raum Schritt für Schritt erobern, werden wir das Gefühl nicht los, auf einem der riesigen Bilder dieses Malers zu spazieren. Überall sind feine Farbspritzer verteilt, wie auf den großformatigen Leinwänden. Hier an diesem Ort, auf diesem »lebendigen« Holzboden einer alten Scheune, kann man sich sehr gut vorstellen, wie die Geschichte des »tanzenden« Malers Pollock begonnen haben muss.

Du bist mitten im Bild

Es gibt viele Fotografien von Pollock. Sie sind in eben dieser Scheune aufgenommen worden. Auch einen kurzen Film über ihn gibt es. Eigentlich handelt der Film gar nicht über den Maler selbst. Vielmehr zeigt er die Art und Weise, wie er arbeitete. Das hatte der Fotograf und Filmemacher Hans Namuth sehr spannend in Szene gesetzt. Der Maler malte auf Glas in seiner gewohnten Weise. Und wir, die Betrachter, können den Malprozess unterhalb der Glasplatte mitverfolgen. So als wären wir die Leinwand. Oder mitten im Bild. Näher kann man wohl kaum einem Maler und seinem Handwerk kommen.

Im Spätsommer und Herbst des Jahres 1950 hatte Hans Namuth begonnen, den Maler Jackson Pollock bei der Arbeit mit der Foto-, bzw. Filmkamera zu begleiten. Ein sehr persönlicher Gast war er damals, denn es kam sonst kaum jemand an diesen stillen Ort. In dieser Atmosphäre der künstlerischen Spannung und unbändigen Bewegungen entlud sich ein bunter Regen purer Energie auf der Leinwand. Der auch auf uns übergeht, wenn wir uns Pollock bei der Arbeit vorstellen.

Der Maler-Derwisch Pollock

Rhythmisch tropft die Farbe auf die Leinwand. Immer schneller dreht sich der Maler um das Bild. Die Arme schleudern um seinen Körper. Durch die löchrigen Blechdosen oder mit Stöcken verlängerten Pinseln wirft Pollock die Farbe in Farbsträhnen heftig auf die Leinwand. Die liegt am Boden. Wie ein Derwisch tanzt er um das

Bild. Oben wird unten und unten oben, rechts und links sind aufgehoben. Es gibt nur noch ihn, den Maler, das Bild und die Energie. Sie fließt aus ihm hinaus, so wie die Farben auf die Leinwand. Die Farben breiten sich aus wie ein starker Strom. Dünnflüssige Lacke bilden farbige Linien und Flecken und fügen sich zu einer Landschaft. Wie ein Tänzer braucht Pollock den Boden für seine Bewegungen. In schnellen Rhythmen lässt er die Farbe darauf tropfen. Dann wieder langsam tastet sich der Künstler auf die Mitte des Bildes zu. Vorsichtig fügt er ein wenig Farbe hinzu, an anderer Stelle setzt er neue Akzente: »ein leichtes Geben und Nehmen«. Mitunter finden sich sogar Fuß- oder Handabdrücke von ihm auf den Bildern. Materialien wie Glas, Sand und anderen Dinge sind auf manchen Bildern eingearbeitet. Er ist mitten im Bild, er ist ein Teil davon. Tanz und Malen sind eins geworden. Und plötzlich beginnt das Bild zu leben …

Maler mit tanzender Seele

Erschöpft wendet sich Pollock ab. Für heute ist es genug. Die Farbe muss trocknen. Vielleicht wird er hier und dort noch etwas hinzufügen. Den Weg wird ihm das Bild selbst weisen. Vielleicht auch eine tief liegende unbewusste Musik in ihm. Der Maler malt mit seinem Körper und seiner Seele. Aus einem Schatz der Erinnerungen. Von denen können sich eine ganze Menge anhäufen. Das Ergebnis sind riesige Leinwände, auf denen sich ein Netz von Linien und Farbstrudeln tummeln. Es sind Bilder voller Bewegung und Rhythmus, die viel von den Gefühlen des Malers wiedergeben.

Mit den Augen der Indianer

Mit seinem Bruder hatte Jackson Pollock als Kind ein Indianerreservat besucht und gesehen, wie die Indianer verschiedenste Materialien in ihre Bilder einbrachten. Das war spannend zu beobachten, wie sie Sandbilder auf den Boden malten oder ihre typischen abstrakten Muster anfertigten. Sie waren ganz nah an der Natur, auch in ihrer Kunst. Schon als kleiner Junge war er davon begeistert, wie selbstverständlich die Indianer mit Farben, Formen und den natürlichen Materialien umgingen. Sie hatten damit eine eigene Sprache entwickelt, die jeder verstehen und mit dem Herzen sehen konnte. Etwas von dieser indianischen Kultur hatte sich fest in seine Erinnerung und seine Seele gesetzt. Jetzt, da er selber so weit war, ein Künstler zu werden, wurden diese Erinnerungsstücke wieder lebendig.

Bilder »tanzen«!

Seine Technik, die man seither gerne auch als gestische Technik beschreibt, entdeckte Pollock eher zufällig. Er hatte nämlich einfach nicht aufgepasst, als eines Tages bei seiner Malarbeit dickflüssige Farbe von seinem Pinsel tropfte. Zuerst ärgerlich, dann erstaunt, schaute er auf den Boden: Die getropfte Farbe ergab ein interessantes Muster. Es ähnelte dem von Ästen und der feinen Maserung eines Blattes. Nun war er neugierig geworden. Aus dem Schwung der Schulter heraus versuchte er gezielt die Farbe in eine bestimmte Richtung zu lenken. Je nachdem, wie viel Kraft er in die Bewegung legte, bekamen die feinen Farbspritzer eine andere Kontur und einen anderen Rhythmus. Manchmal nahmen sie eine Gestalt an. Auch konnte man mit der geworfenen und geschleuderten Farbe Energie sichtbar machen. Eine ungeheuerliche Entdeckung!

So begann Pollock seine Bilder in der Bewegung und in seinem speziellen Pollock-Tanz auszuarbeiten. Vielleicht war dieser wütende, jähzornige und empfindsame Mensch niemals glücklicher als in diesen Augenblicken.

Der Trick mit dem »Dripp«

Eigentlich war das »Dripping« nicht wirklich ein Trick. Vielmehr eine ausgeklügelte Technik, die viele von Pollocks Malerkollegen auch kannten. Mit dem »Dripping« (Tropfen) und »Pouring« (Schütten) stand er damals also keineswegs alleine da. Bei einem seiner großen Vorbilder, dem mexikanische Maler Siqueiros, hatte er frühzeitig Bekanntschaft mit neuen Pigmenten und synthetischen Farben gemacht. Duco, Schellack oder Alluminiumfarbe waren Industriestoffe, die sich besonders gut tropfen und schütten ließen. Auch seine Malerkollegen arbeiteten mit diesen Farben und in dieser Technik. Doch keiner setzte sie mit einer solchen Eindringlichkeit in seinen Arbeiten ein wie Pollock. Deshalb nannte man ihn damals scherzhaft »Jack the Dripper«. Das wird ihm nicht wirklich gefallen haben ...

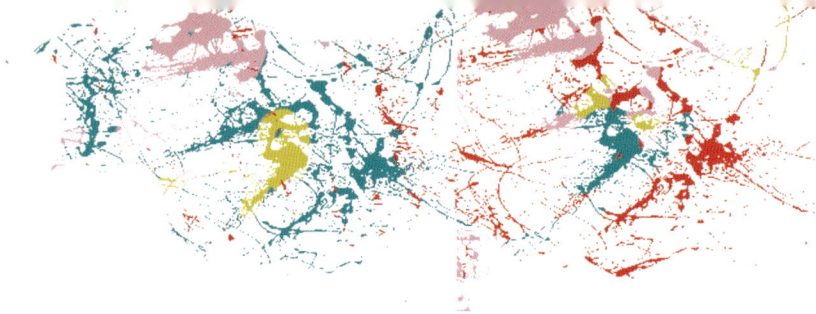

Action! Painting! Moving!

Diese Arbeitsweise bekam natürlich schnell ein Etikett verpasst. »Abstrakter Expressionismus« oder »Action Painting« nannte man diese Kunstrichtung bald. Das traf es allerdings ziemlich gut. Diese Kunst lebte ja wirklich aus der Handlung oder Aktion heraus und brauchte größtmögliche Freiheit, sich auszutoben. Es ging überhaupt nicht mehr darum, einen bestimmten Gegenstand, eine Person oder eine Begebenheit abzubilden. Schon gar nicht mehr darum, einen Bildraum mit Perspektive, Vorder- und Hintergrund anzulegen. Das Innere nach außen zu wenden, darum ging es in dieser Malerei. Für manch einen wirkte diese Kunst wie eine Befreiung, für den anderen schien sie willkürlich und nur schwer nachvollziehbar zu sein. Wie geht es euch dabei?

»Überbackene Makkaroni« im Bild?

Die sogenannten Kunstkenner sparten nicht mit Lob. Aber auch nicht mit Tadel. Ihr könnt Euch sicherlich vorstellen, dass sich manch einer über Pollocks Bilder lustig machte. Von »überbackenen Makkaroni« schrieb der eine, und ein ganz gewitzter meinte gar, die Bilder seien eine gute Vorlage für ein Krawattenmuster. Doch wusste Pollock, dass seine Bilder keine zufälligen und beliebigen Ergebnisse waren. Über die Besserwisser und Oberschlauen wird er nur müde gelächelt haben. Aber als ein Kritiker der »Times« seine schwer erkämpfte Arbeit als pures Chaos abtun wollte, das jeder zu Hause selber anfertigen könne, entgegnete er wutentbrannt: »Sir, kein Chaos, verdammt. Hart erarbeitetes Gemälde, wie Sie sehen können!«

Szenenwechsel Paris – Berlin – New York

Was war denn eigentlich los in jener Zeit? Als auf einmal die Formen mit den Farben, die Malpinsel mit den Stöcken, die Kellen mit den gefüllten Blechdosen losgingen, eine neue Kunst in die Welt »zu werfen«. Auf der einen Seite des Ozeans waren Paris und Berlin doch einmal die Kunstzentren gewesen. Mit all dem, was uns so vertraut war: den Impressionisten, den Expressionisten und den vielen anderen Kunstströmungen, die so gerne mit einem »-ismus« enden. Und nun waren Künstler auf einmal mit dem großen Dampfer über den Atlantik geschippert und hatten sozusagen die Seite gewechselt.

Eine neue Maltechnik für ein neues Zeitalter

Das bleibt auch heute ein sehr trauriges Kapitel unserer Vergangenheit. Und die ist noch gar nicht so alt. Der Zweite Weltkrieg war über Europa und die Welt gekommen. Und das mit so viel Grauen und Düsternis, dass diejenigen, die aus Europa fliehen konnten, das auf unterschiedlichen Wegen in die Tat umsetzten. Ein diktatorisches Regime bedeutet immer das Ende der Freiheit, auch oder besonders für die Kunst. Und so machten sich viele Künstler auf, sich ihre künstlerische Freiheit neu zu erobern und ihr Leben zu retten. New York war Boomtown und nun auch Experimentierfeld für alle diese klugen Köpfe. Und wie in einem Versuchslabor experimentierten die Künstler mit allen Mitteln.

Pollock, Ungeformte Figur, 1953

»Jedes Zeitalter findet seine eigene Technik«, meinte Pollock einmal. Es brauchte eine neue Sprache, um all die Veränderungen in der Welt beschreiben zu können. Wie wahr das ist, zeigen Pollocks Bilder.

Ein Cowboy in der Großstadt

Wer die Augen aufmacht und sucht, findet nicht nur Bewegung und Energie, sondern auch Farblandschaften und Gefühle. Und manch einer kann auch ein Stück dieser Wut spüren, die Pollock damals im Bauch gehabt haben muss, als er arbeitete. Denn der Maler war kein glücklicher Mensch. Ein Cowboy aus dem Wilden Westen Buffalo Bills. Genauso verwegen und rau, aber auch sensibel und zart. Wie kommt so jemand in der Großstadt zurecht? Wie mit dem Kunstrummel und Streit um seine Person und Kunst? Wie mit quälenden Erinnerungen aus der eigenen Kindheit? Manche Wunden kann man nur heilen, indem man Erinnerungen und Gefühle in ein Bild oder Kunstwerk legt. Ablegt, einarbeitet, vergräbt, befreit – wer weiß das so genau. Einfach gesagt, schwierig umzusetzen. Da muss jeder künstlerische Akt ein komplizierter Prozess werden. Bei Jackson Pollock war das sicherlich so.

Der Maler, der sein Geheimnis verrät

Ein Cowboy ist ein Held. Und er kämpft. Der Cowboy Pollock tut dies rücksichtslos in seiner Kunst. Im »Gespräch« mit dem Bild, den Farben, auch mit sich selbst. Und natürlich in der Bewegung und seinem ganz eigenen Derwisch-Tanz. Dieser Kampf gehörte Pollock

allein. Allein in der Scheune, mit sich und dem Bild, konnte er alle seine Gedanken mitteilen und seine Technik entwickeln und verfeinern. Vielleicht kennt Ihr das. Einen Ort, der nur euch gehört. Eine Erfahrung, die ihr mit niemandem teilen wollt. Vielleicht habt auch ihr solch ein Geheimnis? Was wäre, wenn es verraten würde?

Als der Fotograf Hans Namuth Pollock mit seiner Foto- und Filmkamera aufnahm, muss er genauso empfunden haben. Die intimen Fotografien und der Film lassen den Betrachter teilhaben. Sie machen sichtbar, was sonst unsichtbar bleibt. Jeder konnte nun sehen, wie er an seinem stillen Ort arbeitete und sich verausgabte. Das hatte er sich nicht klar gemacht, bevor er den Aufnahmen zustimmte. Nun fühlte er sich bloßgestellt und falsch verstanden. Seine Reaktion auf den Film war heftig: Als er zu einer Ausstellungseröffnung gezeigt wurde, verließ Pollock die Veranstaltung.

Als er damals nach einem langen Spaziergang wieder auf dem Fest erschien, war er verzweifelt und wütend. Auf sich, auf alle, auf den Film. Dem ahnungslosen Hans Namuth warf er böse Blicke zu und murmelte immer wieder: »Ich bin kein Betrüger, ich bin kein Betrüger!« Nein, ein Betrüger war Pollock ganz sicher nicht. Nur ein Maler, der, ohne es zu wissen, sein Geheimnis preisgegeben hat.

Pollock, Number 7A, 1948

Kleines Lexikon der Künstler und Kunststile

Abstrakte Malerei

Abstrakt leitet sich aus dem lateinischen Wort abstrahere ab. Es bedeutet abziehen, wegziehen. Man könnte sagen: Der Maler zieht alles Gegenständliche aus dem Bild. Er verzichtet auf die natürliche Wiedergabe der Welt. Farben und Formen bekommen ihre eigenen Ausdruckswerte. In dieser Kunst zählt allein die Idee, das Geistige, wie bei Wassily Kandinsky, oder die klare Geometrie der Formen und Farben, wie bei Piet Mondrian oder Kasimir Malewitsch. Ab 1910/11 begannen die Künstler unabhängig voneinander in Malerei und Bildhauerei ihre Suche nach neuen Bildformen und Bildinhalten.

Action Painting

Es passiert ständig etwas in den Bildern des Action Painting. Der Prozess oder die Aktion, in der das Bild entsteht, ist wichtiger geworden als das Kunstwerk selbst. Man spricht auch vom abstrakten Expressionismus, der ganz unterschiedliche Wege gehen kann. In Jackson Pollocks Werken taucht der Betrachter in einen rhythmischen Strudel an Linien und Farben ein. Bei seinem Kollegen Mark Rothko übertragen die Bilder eher eine meditative und ruhige Stimmung. Die Kunstrichtung des abstrakten Expressionismus etablierte sich in den 1940er und 1950er Jahren in Amerika. Neben Pollock und Rothko gehörte Willem de Kooning zu den wichtigsten Vertretern dieses Stils.

Bauhaus

Das Bauhaus war eine einflussreiche und neuartige Kunstschule, die 1919 unter der Leitung von Walter Gropius in Weimar gegründet wurde. Kunst, Handwerk und industrielle Formgebung sollten bei der Gestaltung der Umwelt Hand in Hand gehen, Praxis und Theorie keine Gegensätze mehr sein. Bildende und auch Darstellende Kunst sollten auf der Grundlage des Bauhaus-Konzeptes miteinander verbunden werden. Bedeutende Künstler wie Lyonel Feininger, Johannes Itten, Josef Albers, Paul Klee, Wassily Kandinsky und Oskar Schlemmer arbeiteten für das Bauhaus. 1925 siedelte es nach Dessau um, 1932 nach Berlin. Doch schon kurze Zeit später, 1933, wurde die Institution von den Nationalsozialisten zur Auflösung gezwungen.

Der Blaue Reiter

Wer kennt es nicht, das Aquarell mit blauem Pferd. Wassily Kandinsky malte es 1911. Es gab einer der wichtigsten Künstlervereinigungen zu Beginn des 20. Jahrhunderts ihren Namen. Den Mitgliedern ging es darum, weg von der naturalistischen Wiedergabe neue Wege in der Kunst zu beschreiben. Das wird auch in ihrer Programmschrift, dem Kunst-Almanach »Der Blaue Reiter«, deutlich. Interessant sind die Beiträge von Kandinsky »Über die Formfrage«, »Über Bühnenkomposition« und »Der gelbe Klang«. Seine Idee, ein Gesamtkunstwerk zu schaffen, klingt darin an. Künstler wie August Macke, Franz Marc, Gabriele Münter, Robert Delauney, Paul Klee und Alexej Jawlensky gehörten der Gruppe an, die sich mit Beginn des Ersten Weltkrieges auflöste.

Brücke

Die Künstlervereinigung »Brücke« war ein Zusammenschluss junger expressionistischer Künstler. Ernst Ludwig Kirchner, Erich Heckel, Karl Schmidt-Rottluff und Fritz Bleyle gründeten 1905 aus einer gemeinsamen Leidenschaft für die Malerei heraus die Gruppe in Dresden. Ihnen schlossen sich später für kurze Zeit Max Pechstein, Emil Nolde und Otto Müller an. Sie besaßen kein fest umrissenes Programm. Eine Zeitlang orientierten sie sich an den französischen »Fauves«. Die Druckgrafik, besonders der Holzschnitt, kam ihrem Kunstverständnis und Stil besonders entgegen. All das fand Eingang in ihren dynamischen und expressiven Mal- und Zeichenstil. Gegen 1910 zogen sie in die Großstadt Berlin. Doch nach Streitigkeiten trennten sie sich bald schon wieder.

Expressionisten

Expression bedeutet im Französischen »Ausdruck«. Genau das wollten die Maler dieser Kunstrichtung auch in ihre Bilder bringen: Ausdruck und Seele. Damit traten sie der Bewegung des Impressionismus entgegen. Ihnen ging es nicht um die Wiedergabe äußerer Wahrnehmungen in der Natur. Die Farbe sollte Träger für Gefühle werden. Deshalb trug man sie kräftig und ausdrucksstark auf. Damit entsprachen sie natürlich nicht unbedingt den Farben in der Wirklichkeit. Auch die expressive Kraft und die vereinfachten Formen von Masken und Objekten der Naturvölker fand bei vielen Künstlern Eingang in ihre Darstellungsweise. In Deutschland waren es vor allem zwei Künstlergruppen, die ihre expressionistischen Ideen auf unterschiedliche Weise kundtaten: Die Künstlergemeinschaft »Die Brücke«, die sich 1905 in Dresden formierte, und der »Blaue Reiter«, der 1911 in München entstanden war.

Fauves

Die »Wilden« müsste man den Begriff aus dem Französischen übersetzen. Tatsächlich war das damals ein Spottname für diese Gruppe von Künstlern, die zusammen in einem Raum des »Salon d'Autonomes« von 1905 unter der Führung von Henri Matisse ausstellten. Er war damals der älteste und bekannteste Künstler unter ihnen. Die »Fauves« wollten keine naturalistische Wiedergabe. Die leuchtenden, oft schrillen Farben und die wilde Pinselführung sollte einen eigenen Ausdruck im Bild schaffen. Deshalb meint man in den Werken der »Fauves« auch, dass Farben und Formen zu vibrieren scheinen. Damit wirkten die Bilder aber auch schockierend neu auf die Betrachter. Mit ihrer

Lebendigkeit gaben sie vielen Künstlern den Anstoß zu malerischen Experimenten in der Kunst.

Futurismus

Die Malerei der Zukunft – so lautet übersetzt der von Filippo Tommaso Marinetti 1908 gewählte Name – wollte die Kunst von allem Ballast der Vergangenheit befreien. Die neuen Schlagworte hießen Geschwindigkeit, Technik und Zerstörung der alten Bildordnung. An Stelle nur eines einzigen Zustandes wollten die Künstler mehrere zeitlich verschiedene Situationen und Erlebnisphasen bildnerisch umsetzen. Simultaneität nennt man das. Dem wollten die Künstler durch aufsplitternde Formen und unterschiedlichen Perspektiven künstlerisch begegnen. Der Futurismus war eine italienische Bewegung, die ihre Ideen bald über ganz Europa verbreitet hatte. Und dies nicht nur in Malerei und Bildhauerei, sondern auch in der Dichtung. Mit Ende des Ersten Weltkrieges endete der Futurismus.

Impressionismus

Raus aus den Ateliers, hinaus in die Natur! Das war das Motto der Impressionisten im letzten Viertel des 19. Jahrhunderts. Dort wollten sie die Motive in ihren feinsten Abstufungen und farbigen Erscheinungen darstellen. Der Augenblick, bzw. der unmittelbare Eindruck, die Impression, war von entscheidender Bedeutung. Der Wirkung des Lichts auf die Farben tragen die

Impressionisten auf besondere Weise Rechnung. Die Farben werden nun nicht mehr nur auf der Palette gemischt, sondern zum Teil erst auf der Leinwand nebeneinander gesetzt. Beim Betrachten aus der Entfernung entsteht der entsprechende Farbton im Auge. Auf die Spitze getrieben haben das die Neoimpressionisten bzw. Pointillisten, die ihre ungemischten Farbpunkte oder -striche dicht an dicht auftrugen. Nach den naturwissenschaftlichen Theorien der Zeit wollten sie die optische Mischung der Farben allein im Auge entstehen lassen. Die Hauptvertreter dieser Richtung waren Georges Seurat und Paul Signac.

Kubismus

Pablo Picasso und Georges Braque waren die Wegbereiter der Kunstrichtung des Kubismus, die sich zwischen 1907 und 1914 entwickelt hatte. Die auf dem Bild dargestellten Dinge werden in kleinste Formen zerlegt. Oft erinnern die zerlegten Gegenstände auch an Würfel, bzw. Kuben, weshalb man der Kunstrichtung auch diesen Namen gab. Eine einheitliche Perspektive wird ganz aufgegeben. Dafür gibt der Künstler dem Betrachter im Bild viele unterschiedliche Blickwinkel an. So wird der Raum neu gegliedert und zerlegt. Die Farbe ist in diesem Zusammenhang nicht mehr so wichtig. Als wenn sie die Konstruktion des Bildes nicht stören sollte, bleibt sie meist eher zurückhaltend grau und braun. Gegen

1915 findet der Kubismus sein Ende. Bis dahin aber hat er viele Malerkollegen, aber auch Bildhauer zu neuen Ideen in der Kunst inspiriert.

Neue Sachlichkeit

Die Neue Sachlichkeit war eine Reaktion gegen die Malerei des Expressionismus. Die Maler wollten sich von dieser gefühls- und ausdrucksgeladenen Kunst abgrenzen. Ihnen ging es um einen scharf beobachteten, manchmal fast überdeutlichen Realismus in ihren Bildern. Der kann manchmal auch ironisch und sarkastisch sein oder wie z.B. bei Otto Dix sozialkritische Inhalte in die Bilder bringen. Der Name geht auf ein Programmwort zu einer Gemäldeausstellung 1925 in Mannheim zurück. Hier fällt das erste Mal der Begriff Neue Sachlichkeit und gibt fortan einer neuen Künstlergeneration seinen Namen.

Surrealismus

Traum und Wirklichkeit sind zwei Gegensätze, die man vielleicht nur in der Kunst miteinander verbinden kann. Die Malerei hat das auf ihre Weise versucht und in ihren Bildern eine eigene Sprache geschaffen, eine über der Wirklichkeit sich befindende surreale Welt. Die ist fantastisch und rätselhaft bei Max Ernst, Salvador Dalí und René Magritte oder in ihren zeichenhaften Formen und Figuren heiter und kindlich wie bei Joan Miró. Sie birgt immer das Geheimnis des Unbewussten und

Fantastischen in sich. Die erste surrealistische Ausstellung fand 1925 in Paris statt, wo der Surrealismus in der Dichtung seinen Anfang genommen hatte. Mit Beginn des Zweiten Weltkrieges 1939 gingen die meisten Surrealisten nach New York, arbeiteten hier weiter und bereiteten mit ihren Ideen den Boden für die Kunst des Abstrakten Expressionismus.

Bildnachweis

Muybridge, Bewegungsphasen Pferde; o. J.
Degas, Die Tanzklasse, 1874
Degas, Kleine vierzehnjährige Tänzerin, 1880/81, akg-images
Kandinsky, Die drei Grundfarben, 1923, akg-images
Monet, Impression Sonnenaufgang, 1873
Seurat, Anglerin am Ufer der Seine, Studie zu La Grande Jatte, 1884
Seurat, Le Chahut, 1889/90, akg-images, Erich Lessing
Picasso, Bühnenvorhang für Parade, 1917, akg-images, Erich Lessing,
VG Bild-Kunst, Bonn
Picasso, Skizze zu Pferd für Parade, 1917, © Succession Picasso VG Bild-Kunst, Bonn
Picasso, Foto von Kostüm Amerikanischer Manager für Parade, © Succession
Picasso VG Bild-Kunst, Bonn
Foto und Plakat zu Loïe Fuller, © unbekannt
Severini, Die Chahut-Tänzerin, 1912, akg-images, VG Bild-Kunst, Bonn
Toulouse-Lautrec, Loïe Fuller, 1893, akg-images, Erich Lessing
Matisse, Der Tanz von Merion, 1931/32, © Succession Matisse
VG Bild-Kunst, Bonn
Matisse, Der Tanz, 1909/10, akg-images, © Succession Matisse
VG Bild-Kunst, Bonn
Miró in seinem Atelier, 1967, akg-images, Daniel Frasnay, © Succession Miró
VG Bild-Kunst, Bonn

Miró, Tänzerin II, 1925, © Succession Miró VG Bild-Kunst, Bonn
Pechstein, Tanz, 1909, © Pechstein / Hamburg-Tökendorf
Heckel, Vier Tänzerinnen in Schwarz, 1911, akg-images, © Nachlass Erich Heckel,
Hemmenhofen
Nolde, Tanzende Kinder, 1909, © Stiftung Seebüll Ada und Emil Nolde, Neukirchen
Dix, Großstadt (Triptychon), 1928, akg-images, © Otto Dix, VG Bild-Kunst
Rudolphe, Mary Wigman, Hexentanz, 1928, © unbekannt
Das Kunstblatt, Tanzkurven zu en Tänzen der Palucca, Druck von Kandinsky,
1926, bpk / Kunstbibliothek, Staatliche Museen zu Berlin, Foto: Dietmar Katz, VG
Bild-Kunst, Bonn
Kirchner, Tanzender Frauenakt, Gret Pelucca, 1929/30, © Ingeborg & Dr. Wolf-
gang Henze-Ketterer, Wichtrach / Bern
Schlemmer, Die Geste, 1922, VG Bild-Kunst
Fotos Kostüme Schlemmer, VG Bild-Kunst, Bonn
Fotos von Laban, © unbekannt
van Doesburg, Rhythmus eines russischen Tänzers, 1918, VG Bild-Kunst, Bonn
Mondrian, Broadway Boogie Woogie, 1942/43, akg-images, © Piet Mondrian /
Mondriantrust
Foto Pollock von Atelierfußboden, © unbekannt, VG Bild-Kunst, Bonn
Pollock, Ungeformte Figur, 1953, VG Bild-Kunst, Bonn
Pollock, Number 7 A, 1948, VG Bild-Kunst, Bonn